W0096646

Die Kunst, in Berlin zu leben

Konrad Haemmerling

DIE KUNST, IN BERLIN ZU LEBEN

Ein Führer durch das Berlin der Nachkriegszeit

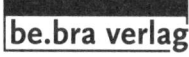
be.bra verlag

Für Ruth,
die mir die Kunst, in Berlin zu leben, erleichterte.

Neuausgabe des erstmals 1957 erschienenen Buches
»Die Kunst, in Berlin zu leben« von Konrad Haemmerling

Bibliografische Information der Deutschen Nationalbibliothek
Die Deutsche Nationalbibliothek verzeichnet diese Publikation
in der Deutschen Nationalbibliografie; detaillierte bibliografische
Daten sind im Internet über http://dnb.d-nb.de abrufbar.

Alle Rechte vorbehalten.
Dieses Werk, einschließlich aller seiner Teile, ist urheberrechtlich geschützt.
Jede Verwertung außerhalb der engen Grenzen des Urheberrechtsgesetzes ist
ohne Zustimmung des Verlages unzulässig und strafbar. Das gilt insbesondere
für Vervielfältigungen, Übersetzungen, Mikroverfilmungen, Verfilmungen
und die Einspeicherung und Verarbeitung auf DVDs, CD-ROMs, CDs,
Videos, in weiteren elektronischen Systemen sowie für Internet-Plattformen.

© be.bra verlag GmbH
Berlin-Brandenburg, 2020
KulturBrauerei Haus 2
Schönhauser Allee 37, 10435 Berlin
post@bebraverlag.de
Lektorat: Katrin Endres, Berlin
Umschlag: Manja Hellpap, Berlin
(Foto: ullstein bild - Archiv Hahn/Weissberg)
Satz: typegerecht berlin
Schriften: Arno Pro, Univers Next Pro
Druck und Bindung: GGP Media GmbH, Pößneck
ISBN 978-3-89809-176-3

www.bebraverlag.de

Inhalt

Lebenskunst im Kleinen

Die Berliner Kinder haben eine Lieblingsbeschäftigung, der sie sich mit leidenschaftlichem Eifer widmen und über die sie die ganze Welt um sich herum, einschließlich des Mittagessens und des Schlafengehens, vergessen: sie machen Eierpampe. Eierpampe ist ein Brei aus Sand und Wasser, mit dem sich allerhand Gebilde herstellen lassen – sofern die Mischung richtig ist. Und in dieser Kunst sind die Berliner Kinder wahre Meister. Die einen machen Eierpampe nur mit den Händen, andere benutzen Eimer und Schaufel, aber beide schaffen ihr Werk, so oder so.

Das Spiel dieser jungen Berliner auf dem Kinderspielplatz ist charakteristisch auch für das Leben und Werkeln der Erwachsenen. Wie sie das Leben anfassen, sie schaffen es, denn das harte seelische Klima ihrer Stadt hat sie die Kunst, in Berlin zu leben, gelehrt. Übrigens spielen Sand und Wasser eine wesentliche Rolle in der Schöpfungsgeschichte der Berliner Landschaft. Sand und Wasser, das trockene und das feuchte Element, haben sie gebildet, und davon ist auch etwas in den Charakter der Berliner übergegangen und trägt dazu bei, dass sie das Leben auf ihre Weise meistern, wie die Berliner Kinder auf ihren Spielplätzen: viel Vergnügen mit wenig Mitteln.

Im Tiergarten, Frühjahr 1946.

Die Stadt ohne Gestern

Die Stadt ohne Gestern

Glücklich sind die Traditionslosen, denn sie haben keinen Klotz am Bein. Da rühmen sich Menschen und Institutionen ihrer Tradition und schleppen sie voller Stolz als Ballast mit sich herum durch die Zeiten, als wäre es ein Verdienst, Urahnen zu haben und den ganzen von ihnen geschaffenen Krimskrams als schätzenswertes und kostbares Erbgut vorweisen zu können. Jungsein ist alles!

Was haben alte Städte schon von ihrer mehr als tausendjährigen Vergangenheit außer einer Häufung von Verkehrshindernissen?! Viele müssen sich in ihrem Greisenalter damit plagen, die Schwierigkeiten zu überwinden, die ihnen aus einer Unzahl enger winkliger Gassen mit baufälligen Häusern entstehen. Da haben es die Parvenüs unter den Städten leichter. Sie brauchen nicht ständig auf gute Haltung bedacht zu sein, und wenn sie Schnitzer machen, verzeiht man es ihnen. So ein Parvenü ist Berlin, und diese Bezeichnung ist hier eine positive Wertung. Sie kennzeichnet nur Geist und Gesinnung der Stadt ohne Gestern.

Nun werden die Chronisten die Häupter schütteln und auf ihre Folianten zeigen, aus denen sie nachweisen können, dass zwar Berlins Ursprung völlig in Dunkel gehüllt ist, weil die Feuer des großen Brandes am Laurentiustage 1380 alle Urkunden vernichtet haben, dass es aber schon in einem Vertrage aus dem Jahre 1244 erwähnt wird. Als es sich 1937 darauf versteifte, sein siebenhundertjähriges Bestehen zu feiern, musste es dazu die erste urkundliche Erwähnung seiner Schwesterstadt Köln benutzen.

Ein wenig muss man schon in der Geschichte blättern, wenn man sich von Berlin, wie es lebt und leben lässt, ein Bild machen will. Wenn man das Wort Geschichte ausspricht, dann hört man vergilbtes Papier knistern und riecht aufwirbelnden Aktenstaub. Aber so schlimm ist es nicht. Wenn die Geschichte aus Geschichten besteht, dann kann sie sogar amüsant und pikant sein.

Früher hatte man es leicht, in Berlin eine Lektion in Geschichte zu nehmen. Man promenierte einfach durch die Siegesallee, mit der der denkmalfreudige letzte Hohenzoller in einer Anwandlung von monarchischem Verewigungsdrang den Tiergarten verunzierte. Wenn man diese marmorne Ahnengalerie mit ihren zweiunddreißig »Puppen«, wie die respektlosen Berliner diese standhaften brandenburgisch-preußischen Herrschaften nannten, zwischen der Siegessäule bis zum Kemperplatz hin- und wieder zurückgepilgert war, dann wusste man so ziemlich, wer von Albrecht dem Bären bis zu Wilhelm I. an Markgrafen und Königen der Stadt Berlin seine Huld erwiesen hatte und um ihr Gedeihen besorgt gewesen war.

Auch die Paladine, die ihm dabei beratend zur Seite gestanden hatten, waren in Marmor verewigt, wobei das Wörtchen »verewigt« eine maßlose Übertreibung ist, denn diese marmorne Ewigkeit braver Gefolgsmänner endete unter dem Beschuss sowjetischer Artillerie in den Lenztagen des Jahres 1945, als die Lust, in Berlin zu leben, unter den Minuspunkt sank, und die Kunst, hier zu leben, so schwierig war wie nie zuvor.

Als Paris schon dem guten König Heinrich eine Messe wert war, konnten die brandenburgischen Kurfürsten, die sich auf der Spreeinsel ein bescheidenes Schloss gebaut hatten, mit ihrer Residenz noch nicht viel Staat machen. Seuchen und Feuersbrünste entvölkerten immer wieder die Schwesterstädte Berlin und Köln. Handel und Wandel wurden, kaum dass sie sich ein wenig hochgerappelt hatten, wieder zum Erliegen gebracht. Selbst die Kurfürsten lebten so bescheiden, dass sie nicht jeden Sonntag ein Huhn im Topf hatten.

Die preußischen Könige hatten ebenso wenig wie ihre kur-fürstlichen Vorgänger die verschwenderische Ader, die zu einem großzügigen und freigebigen Mäzenatentum gehört. Darum gibt es in Berlin keine stattlichen Bauwerke fürstlicher Repräsentanz, keine pompösen Paläste des Hofadels, keine Lustschlösser mit deliziösen Boudoirs für amouröse Abenteuer, keine prächtigen Palais für kostspielige Favoritinnen, sondern nur bescheidene Zweckbauten, in denen die Herrscher wohnten und brave Ehe-männer und vorbildliche Väter waren. Der Ausnahmen gibt es so wenige, dass der Historiker sie kaum für erwähnenswert gehalten hat, und an die Namen der vereinzelten Königsliebchen erinnern sich nur die Freunde der Chronique scandaleuse, die aber auch wenig aufregende Einzelheiten zu berichten wissen.

Wie Berlin wurde, was Berlin ist

Berlin wuchs mit der naturgebotenen Langsamkeit und Bestän-digkeit eines Baumes, der Ring um Ring ansetzt, seine Wurzel in die Erde senkt und seine Krone in den Himmel streckt. Die Ber-liner siedelten schon an die fünfhundert Jahre rund um die ehe-malige Furt durch den Spreefluss, bevor der Segen der Kultur ihr Dasein aus der Primitivität des Lebenskampfes heraushob. Und es brauchte noch einmal an die zweihundert Jahre, bis Berlin Haupt-stadt wurde.

Das sich nach allen Himmelsrichtungen ausbreitende Berlin, das mit seinen Vorstädten zusammenwuchs und seine Straßen ausstrahlen ließ in das märkische Heideland, war den Großstädten im Reich unbehaglich und reizte ihre Rivalität. Böse Zungen draußen in den Provinzen und Ländern bezeichneten es als einen »Wasserkopf«. Sie wollten damit seine überstürzte Ausbreitung als ein ungesundes und bedenkliches Symptom charakterisieren.

Das freie Gelände zwischen dem alten Berlin und seinen Nachbargemeinden, die zum Teil noch ganz ländlich anmuteten oder als friedliche Kleinstädte erschienen, wurde langsam bebaut. Nach der Revolution von 1918 fügte eine große Eingemeindungsaktion die Stadt Berlin und die in ihrem Bannkreis liegenden Siedlungen zu einer Einheit zusammen, die sich den Namen »Groß-Berlin« zulegte. Diese Vereinigung einer Millionenstadt mit den vierzehn bisher selbständigen Gemeinden ihrer näheren Umgebung führte zu grundlegenden Veränderungen ihrer gesamten Struktur. Mehr als zuvor wurde Berlin nach der Revolution und durch die Umwandlung der Monarchie in eine Republik zum politischen, wirtschaftlichen und kulturellen Spannungsfeld der Nation. Obwohl die alten Tafeln zerbrochen waren und eine neue Ordnung geschaffen wurde, blieb Berlin die Hauptstadt der Deutschen.

Die Stadt des Preußentums mit seiner höfischen und geheimrätlichen Gesellschaft war längst zu einer Stadt des Handels, der Industrie, des Kapitals und des schöpferischen Geistes geworden, die ihre kosmopolitischen Neigungen nicht verbarg. Was sie der Welt zu geben hatte, gab diese ihr zurück, und diesem fließenden Austausch verdankte sie ihr Blühen.

Krisenzeiten und Inflationskatastrophen konnten sie erschüttern, aber ihre Fundamente nicht zerstören. Aus jedem Zusammenbruch erhob sie sich neu und meist aus eigener Kraft. Selbst wenn sie fremder Hilfe bedürftig wurde, war es doch nur der eigene, unbeirrbare Lebenswille, der diese Hilfe fruchtbar machte.

So war es Anfang der zwanziger Jahre, als eine rapide Geldentwertung die Mehrzahl der Berliner verarmen und verelenden ließ.

So war es Anfang der dreißiger Jahre, als sich die große Weltwirtschaftskrise im volkreichen Berlin empfindlicher auswirkte als in anderen deutschen Großstädten, und so war es wieder nach der Katastrophe von 1945.

Nie kam den Berlinern ihre gute Eigenschaft, die Tatsachen nüchtern zu betrachten, einen klaren Kopf zu behalten und leidenschaftslos zu handeln, mit einem gewissen Phlegma an die Dinge heranzugehen und nichts zu übereilen, so sehr zugute wie in den Tagen der Eroberung Berlins und während der ersten Besatzungszeit.

Berlin ertrug das Regime der Viersektoren-Herrscher, die das über die Stadt verhängte Viermächte-Statut verkörperten. Es ertrug ihre Streitereien und ihre Meinungsverschiedenheiten, die zum Teil auf seinem Rücken ausgefochten wurden. Schließlich ertrug Westberlin als schwerste Prüfung auch die Blockade. In dieser Zeit bewahrheitete sich das Wort, das vom bitteren Humor derer geprägt worden war, die in den langen Bombennächten in ihren Luftschutzkellern hockten und einander Mut zu machen versuchten. »Genießt den Krieg, der Friede wird schrecklich!« hieß es da, denn man machte sich keine Illusionen über den Ausgang des Krieges und das, was danach kam.

Das Leben ist doch lebenswert

Nie war die Kunst, in Berlin zu leben, so schwer wie in den Lenzmonaten des Jahres 1945. Damals bezeichneten die Berliner, die in den bröckelnden Mauern ihrer Stadt geblieben waren, sich selbst mit einem Schuss Galgenhumor als »Kellerasseln«, denn sie mussten einen großen Teil des Tages in den unterirdischen Luftschutzräumen verbringen. Das wäre noch weit niederdrückender gewesen, wenn nicht Gleichgültigkeit das Bewusstsein abgeschirmt hätte gegen die Vorstellung, wie dies alles einmal enden sollte. Man wehrte sich gegen jede Logik, schaltete das Denken aus und handelte mechanisch so, wie der Augenblick es erforderte.

Einen Kampf bis »5 Minuten nach 12« in Berlin zu organisieren, hatten die Nazis vergebens versucht. Berliner haben nie den falschen Ehrgeiz gehabt, als »Helden« in die Geschichte einzugehen. Ihr nüchterner Sinn bewahrt sie davor, und da, wo sie einmal für solche Tendenzen anfällig wurden, paralysierten sie sie schnell durch einen Witz, der jede Art von Gloriole schmelzen ließ.

Die große, von den Sowjets konsequent durchgeführte Aktion zur Befreiung der Berliner von Uhren und anderen wertvollen Gebrauchsartikeln und Schmuckstücken wurde mit Humor hingenommen. Manche sowjetische Gewalttat wurde durch das Gelächter abgebogen, das ein zur rechten Zeit hingeschnodderter Witz bei den passiv Beteiligten auslöste. Er durchbrach die Panikstimmung und verscheuchte die Angst, die vielfach den Soldaten erst den Mut zu ihren Übergriffen gab. Ein Lachen machte sie stutzig, und manchmal zündete es sogar und brachte auch sie selbst zum Lachen, ohne dass sie den Witz verstanden.

Es gab allerdings auch Fälle, da Misstrauen und Minderwertigkeitsgefühl das Lachen als eine Beleidigung empfinden ließen und ein Schuss den Witzbold niederstreckte. Die Kugeln saßen damals sehr locker in den Magazinen der Maschinenpistolen, mit denen sie verschwenderisch ausgerüstet waren.

In den Tagen, da im Innern der Stadt noch gekämpft wurde, hatten sich die Verhältnisse in den Randbezirken schon einigermaßen auf die neue Situation umgestellt.

Zerstörungen an der Friedrichstraße Ecke Dorotheenstraße, Frühjahr 1945.

Das Leben ist doch lebenswert **15**

Jeder sorgte, so gut er konnte, für sein leibliches Wohl. Waren die kargen Vorräte in der eigenen Wohnung oder im Ausweichquartier erschöpft, durchstreifte man die Nachbarschaft. Verlassene Wohnungen und Keller wurden nach Vorräten durchstöbert. Unter dem Freudengeheul der glücklichen Finder förderte man sie ans Tageslicht und brachte sie schleunigst in »Sicherheit«. Plündern war zwar verboten, aber das Verbot kam von den Sowjets, und bei ihnen war dieser Begriff nicht präzisiert.

Niemals haben die Berlinerinnen so wenig Wert auf ihr Makeup gelegt wie damals. Sie wetteiferten miteinander, so reizlos wie möglich auszusehen. Sie schlüpften in zerknitterte Männerhosen; sie ließen die Haare zottig um den Kopf herumhängen und hüllten sich in alte Schals; sie klebten sich schmutzige Pflaster ins Gesicht und schätzten sich glücklich, wenn es ihnen gelang, hässlich zu erscheinen.

Tagsüber strichen die Berliner auf der Suche nach Brennmaterialien und Lebensmitteln durch die Straßen. Auf Befehl der sowjetischen Kommandantur hatten die Bäcker wieder angefangen, Brot zu backen – sofern sie noch Mehlvorräte besaßen. Das Brot wurde in kleinen Rationen auf Abschnitte der letzten Lebensmittelkarten mit Reichsadler und Hakenkreuz abgegeben. Für Hunde und Katzen, die schon in den letzten Monaten des Krieges nicht ungefährdet ihrem Freiheitstrieb hatten nachgeben können, war jetzt jede stille Straße und jeder verschwiegene Winkel eine Gefahrenzone.

Kein Licht aus dem Osten

Nach den ersten Wochen, die Berlin unter dem Sowjetstern verlebte, beruhigten sich die Verhältnisse äußerlich ein wenig. Die Kampftruppen rückten ab, und Besatzungstruppen nahmen ihre Plätze ein.

Rücksichtslos beschlagnahmten die Sowjets in ihrem Sektor an Wohnungen, was sie für ihre Offiziere und Funktionäre brauchten, wobei es ihnen übrigens völlig gleichgültig war, ob die Besitzer Arbeiter oder »Kapitalisten« waren. Oft wurden die Wohnungen samt der Einrichtung bei den Zechgelagen der neuen Bewohner in wenigen Tagen so verschmutzt und demoliert, dass sie für einen ferneren Aufenthalt nicht mehr geeignet erschienen. Dann zogen sie einfach ein paar Straßen weiter, suchten sich ein neues, noch untadeliges Haus und hielten dort ihren Einzug. Sie respektierten kein Eigentumsrecht und nahmen einfach das, was ihnen gefiel, auch wenn sie nichts damit anzufangen wussten.

Höhere Offiziere betrieben die »Konfiskationen« in großem Stil. Da die beschlagnahmten Güter vielfach gar nicht oder mangelhaft verpackt waren, dürften sie, wenn überhaupt, ihren Bestimmungsort nur in stark lädiertem Zustand erreicht haben. Mit der gleichen mangelnden Sorgfalt wie auf die Lastwagen wurden sie auch in die Güterwagen verladen, die in langen Zügen gen Osten rollten.

Nicht einmal die Kunstkommissionen, denen die »Sicherstellung« der in den Berliner Museen zurückgebliebenen Kunstschätze anvertraut war, gingen bei der Bergung dieser unersetzlichen Werte behutsam zu Werk. Die mit roher Gewalt aus der Fassung gebrochenen Teile des Marmorfrieses vom Pergamonaltar mit den monumentalen Reliefs wurden einfach auf einer primitiven Rutsche in die am Kupfergraben ankernden Kähne verladen. Bei diesem Verfahren dürfte mancher Gottheit und einigen Giganten die noch erhalten gebliebene Nase abgestoßen worden sein, bevor diese mythischen Herrschaften den Weg in eine unbekannte Zukunft antraten, aus der bisher keine Kunde von ihnen kam.

Als die Sowjets in Berlin ein wenig heimisch geworden waren, wurden viele in ihren kommunistischen Grundsätzen wankend und zeigten sich für »kapitalistische« Neigungen anfällig. Die sowjetischen Frauen wünschten sich schöne Kleider, elegante Pelze und Schmuck. Die Offiziere bekamen einen Sold, der ihnen solche Dinge erlaubte. Die Zeit, da man ohne Bezahlung einkaufen konnte, war schließlich vorbei. Die Berliner ließen sich nicht mehr so leicht einschüchtern. Sie entdeckten, dass man sich durchsetzen konnte, wenn man dem Bedränger gegenüber rabiat wurde und ihn anschrie. Noch wirksamer aber war die Drohung, man werde sich beim Kommandanten beschweren. Es gab Kommandanten so zahlreich wie Sand am Meer und fast in jedem Viertel eine »Kommandatura«, die immer von Beschwerde führenden Berlinern belagert war.

Kaufkräftige Sieger auf der einen Seite, bedürftige Berliner auf der anderen – da konnte es nicht ausbleiben, dass man versuchte, miteinander ins Geschäft zu kommen. Wer Geld brauchte, der holte seine versteckten Werte hervor, um sie zu veräußern, gegen Geld oder – noch besser – gegen Naturalien. In Karlshorst, ihrem Hauptquartier, etablierten die Sowjets eine Zentrale für den Ankauf von Diamanten und Gold. Für das Karat Diamanten zahlten sie Preise von 35 000 bis 40 000 Reichsmark. Das war für viele Berliner eine willkommene Möglichkeit, ihren leeren Geldbeutel aufzufüllen. Schmuck war ja ohnedies in der gegenwärtigen Situation völlig überflüssig.

Tauentzienstraße und Kaiser-Wilhelm-Gedächtniskirche, 1945.

Lebensmittel waren wichtiger als alles andere. Was auf die ausgegebenen Lebensmittelkarten zugeteilt wurde, reichte nicht aus, um bei Kräften zu bleiben. »Schwarz« gekaufte Lebensmittel aber waren so teuer, dass Menschen mit normaler Börse sie sich nicht leisten konnten. Die Lebensmittelkarte 5 für nicht berufstätige Berliner wurde recht zutreffend als »Hungerpass« bezeichnet. Erst auf die Lebensmittelkarte 3 gab es halbwegs ausreichende Rationen. Mit der Lebensmittelkarte 1 ließ sich schon einigermaßen auskommen. Doch sie wurde außer Schwerstarbeitern nur »verdienten Gelehrten, Ingenieuren, Ärzten, Kultur- und Kunstschaffenden sowie leitenden Persönlichkeiten der Stadt- und Bezirksverwaltungen« zugebilligt. Nie hat es in Berlin so viel »verdiente Kunst- und Kulturschaffende« gegeben wie in dieser Zeit, denn um die Karte 1 zu bekommen, ließ man nichts unversucht, und die deutschen Stellen, die über die Prominenz zu entscheiden hatten, drückten, wo sie konnten, ein Auge zu.

Auch die Sowjets sahen ein, dass eine Stadt wie Berlin ohne Ordnung nicht auskommen könne. Sie setzten Haus- und Straßenobleute ein, die ehrenamtlich ihre kleinen Bezirke zu betreuen hatten, und ernannten einen Polizeipräsidenten, der den Befehl erhielt, eine Stadtpolizei aufzustellen. Nach nichts verlangten die Berliner sehnlicher als nach Ruhe und Ordnung. Wilde Gerüchte ließen sie aber nicht zur Ruhe kommen. Jeder stellte sich die bange Frage, welchen Teil die Sowjets bei der Aufteilung der Stadt unter ihre Verwaltung nehmen würden. Diese Frage blieb lange offen. Erst Anfang Juli 1945 wurde sie durch den Einmarsch der Amerikaner und Briten in die westlichen Bezirke entschieden. Einen Monat später übernahmen die Franzosen ihren Sektor.

Die Sowjets wollten ihre Verbündeten mit einer schönen Geste empfangen. Der sowjetische Stadtkommandant befahl, sämtliche Wohnungen mit den Fahnen der vier Siegermächte zu schmücken. Vorgeschriebene Reihenfolge: an erster Stelle die Rote Fahne mit Hammer und Sichel, dann das Sternenbanner der USA, der Union Jack der Briten und zuletzt die Trikolore der Franzosen. Die Sowjets hatten Gefühl für Rangordnung, weniger aber dafür, woher die Berliner den vorgeschriebenen »guten Stoff« in den entsprechenden Farben nehmen sollten. Rote Fahnen, wenn auch minderer Qualität, waren reichlich vorhanden. Man holte sie aus ihren Verstecken hervor, wusch sie, trennte das weiße Feld mit dem Hakenkreuz ab und setzte dafür in die obere Ecke links aus gelbem Stoff das bekannte Emblem der UdSSR. Auch die Trikolore war noch unschwer aus drei Stofffetzen zusammenzustückeln. Mit dem Union Jack und den Stars and Stripes gab es aber allerhand Schwierigkeiten. Straßen- und Hausobleute mussten die geplagten Hausfrauen bei der Herstellung dieser Flaggen beraten. Überall ratterten die Nähmaschinen. Niemand wagte säumig zu sein, denn ihm waren schwere Strafen angedroht.

Als dann die Flaggen glücklich draußen hingen, mussten sie wieder hereingenommen werden. Weshalb, erfuhr man nie. Die westlichen Alliierten mussten ohne Flaggenschmuck an den Häusern in Berlin einrücken.

Der Mensch muss sich zu helfen wissen

Mit ihrem Einzug begann eine neue und umfangreiche Beschlagnahmeaktion. Mancher, der bis dahin noch friedlich in seiner Behausung gesessen hatte, musste sein Bündel schnüren und auf Wohnungssuche gehen. Wohnungen aber gab es nicht, zumindest keine freien. Da hieß es denn für viele Westberliner, noch ein wenig enger zusammenzurücken, um nur ein Dach über dem Kopf zu haben, und man war glücklich, wenn man eines fand, selbst wenn es an feuchten Tagen ein wenig durch die Decke tröpfelte und man Wannen und Kessel unter die durchlässige Stelle schieben musste.

·Die Requisitionskommissionen der Besatzungsmächte waren höchst wählerisch. Sie ließen für die höheren Offiziere und Beamten die schönsten und komfortabelsten Villen und Wohnungen räumen. Nur eine Stunde blieb den Wohnungsinhabern zum Auszug. Diese Frist genügte, um das Wenige, was sie mitnehmen durften, zusammenzupacken, wenn auch nicht, um eine neue Unterkunft zu finden. Glücklich schätzten sich Villenbesitzer, wenn sie in ihrem beschlagnahmten Hause ein paar Räume im Souterrain weiter benutzen und die Rolle von Hauswart und Gärtner übernehmen konnten. Man behielt dann wenigstens sein Dach überm Kopf, konnte stets nach dem Rechten sehen und nahm außerdem teil an dem Überfluss, der im Haushalt der Gäste herrschte.

Das Leben aber war dennoch leichter geworden. Wenn man die Wasserhähne aufdrehte, rieselte wieder ein dünner Wasserfaden aus dem Rohr. Die mühevollen Gänge mit Eimern und Kannen zu den wenigen, oft weit entfernten Pumpen, an denen lange Menschenschlangen warteten, hörten auf. Bald konnte man auch die kümmerlichen, doch vorsorglich gehüteten und kostbaren Kerzenstümpfchen wegräumen, weil wieder Strom in den Leitungen war.

Für Westberlin gehören diese Erlebnisse längst der Vergangenheit an. In Ostberlin haben sie ihre Aktualität noch immer nicht ganz verloren, denn dort wird auch heute noch sehr mit Licht gespart. Das bemerken vor allem die Fluggäste, die nach Einbruch der Dunkelheit über der Stadt kreisen. Da liegt Westberlin im Schimmer von tausend und abertausend Lichtern unter ihnen, im Osten dagegen sind die Lichtpünktchen nur sehr dünn gesät, und rundum ist viel Nacht.

Auch die durch Hausbeschlagnahmen entstandenen Schwierigkeiten sind inzwischen überwunden worden. Die Vereinigten Staaten haben in Zehlendorf moderne Bauten für ihre Offiziere und Beamten mit einem eigenen Kino, Schulen, Kaufläden, Klubs und Restaurants geschaffen, und am Rande des Grunewalds ist eine ansehnliche amerikanische Kolonie entstanden. In Reinickendorf haben die Franzosen ein größeres Areal mit einer Mauer umgeben. Sie umschließt Kasernen, Büros und Depots und bildet ein Klein-Paris mitten in Berlin. Die Straßen des »Quartier Napoléon« tragen französische Namen, und gleich vor der Tür liegt der Flugplatz Tegel, auf dem Militärmaschinen starten und landen können. Die höheren Militärs und Zivilbeamten ziehen allerdings das Leben in dem schmucken Villenvorort Frohnau vor.

Die Sowjets hatten schon in den ersten Tagen ihres Berliner Aufenthalts ihr Hauptquartier in Karlshorst aufgeschlagen. Auch sie suchten sich eine Gartenstadt aus, aber sie mussten sich mit einer weniger vornehmen als die Franzosen begnügen, denn in ihrem Sektor gab es nichts Besseres. Für ihre Begriffe war aber auch das recht bürgerliche Karlshorst durchaus annehmbar, und es hatte schließlich auch Deutschlands schönste und weltberühmte Anlage für Hindernisrennen. Von Karlshorst aus laufen die Fäden der sowjetischen Besatzungspolitik. »Berliner Kreml« heißt der streng bewachte und gesicherte Sperrbezirk, in dem zuerst die SMA – die Sowjetische Militär-Administration –, dann die SKK – die Sowjetische Kontroll-Kommission – residierte, und in dem heute der sowjetische Militärkommandant seinen Sitz hat.

Auf etwas, was die Westberliner schon längst nicht mehr kennen, würden auch die Ostberliner gern verzichten. Das sind die Lebensmittelkarten. Zwölf Jahre nach dem Krieg hat man sie davon noch immer nicht befreien können, so oft man es ihnen auch versprach. Es gibt sie drüben in drei Stufen. Die »Große Karte« A ist für Intellektuelle und Schwerstarbeiter bestimmt, die Karte B für Arbeiter und Studenten. Alle übrigen Personen erhalten die Grundkarte, auf die Fleisch, Fett, Zucker, Kartoffeln verabfolgt werden. Milch gibt es nur für Kinder oder aber für 1,20 Mark pro Liter frei in der HO. Und eine warme Stube gibt es auch nur, wenn die Bezugsscheine für Hausbrand ausreichend beliefert werden.

Doch damals, als der erste Schreck überwunden war, ahnte man nicht, was noch alles kommen würde. Viele Berliner merkten allerdings sehr bald, wie dünn ihre Börsen waren und wie wichtig auch in solchen Zeiten die zwischendurch so missachteten Papierchen sind, die man Banknoten nennt. Es waren die einzigen Dokumente, auf denen man auch die verpönten Hoheitszeichen der Diktatur mit Wohlwollen betrachtete. Doch das Geld war selten geworden. An das, was man auf der Bank liegen hatte, konnte man nicht heran. Wer sich daheim keine Reserve angelegt hatte, der saß bald auf dem Trockenen. Etwas zu verdienen, fanden die wenigsten Gelegenheit. Das Geschäftsleben war bis auf den Handel mit Lebensmitteln fast völlig stillgelegt.

Als die Soldaten der US-Army auf der Bildfläche erschienen, wurde plötzlich vieles anders. Die positive Einstellung der Berliner zu ihnen und ihren britischen und französischen Kameraden wurde zwar einer gewissen Belastungsprobe ausgesetzt, da die Haltung der Neuankömmlinge vielfach nicht so freundlich und liebenswürdig war, wie man erwartet oder gehofft hatte. Doch gegenseitige Missverständnisse schwanden bald. Es kam zu einem toleranten, wenn auch kühlen Verhältnis zwischen «Amis«, »Tommies«, »Poilus« und Deutschen. Nachdem aber beiderseits die Jugend – auf der einen Seite die uniformierte männliche, auf der anderen die sich wieder kokett herausputzende weibli-

Amerikanische Militärpolizei auf den Straßen Westberlins, Sommer 1948.

che – ihr Lebensrecht geltend gemacht und ihren Anspruch auf Vergnügen angemeldet hatte, gestaltete sich das Klima der Beziehungen schnell freundlicher.

In den Jahren zwischen 1945 und 1949, die man als die Jahre der großen Not ins Buch der Berliner Geschichte eintragen könnte, dürfte es kaum einen sittlich noch so gefestigten Berliner gegeben haben, der im Sinne der alten Gesetze nicht straffällig geworden wäre. Aber was blieb von den alten Gesetzen in dieser Zeit, die eine neue Ordnung erst suchte? Welcher Schiffbrüchige würde nicht, auch wenn ein Gesetz es ihm verböte, den rettenden Balken ergreifen, der ihn vor dem Ertrinken bewahrt? In Berlin gab es nur Schiffbrüchige.

Wer selbst den kauflustigen Sowjets gegenüber noch mit seinen verborgenen Schätzen hinterm Berge gehalten hatte, der kramte sie jetzt hervor, um sie gegen gute Bezahlung an den Mann zu bringen. Die Amerikaner, obwohl mit allem Notwendigen ausgestattet und gut versorgt, waren doch bemüht, ihren reichlichen Sold gegen Gebrauchs- und Luxusgegenstände einzutauschen. Besonders geschätzt wurden von ihnen hochwertige moderne Fotoapparate. Später kamen Waren aus Edelmetall, Schmucksachen, kostbare Gläser und Porzellan aus berühmten Manufakturen, vor allem Geschirr und Figuren aus Meißen, hinzu. Wer selbst nichts zu verkaufen hatte, der suchte sich in den Handel der anderen einzuschalten und lebte davon. Wertvolle Schmuckstücke oder andere marktgängige Kostbarkeiten gingen durch drei, vier und mehr Hände, bevor sie vom Besitzer zum Käufer wanderten, und jeder verdiente daran.

Als geschickte Kaufleute begriffen die Amerikaner sehr schnell, ein wie begehrter Artikel amerikanische Zigaretten waren. Rauchen war gut gegen den Hunger, es beruhigte die Nerven, und man hatte dieses Stimulans lange entbehren müssen.

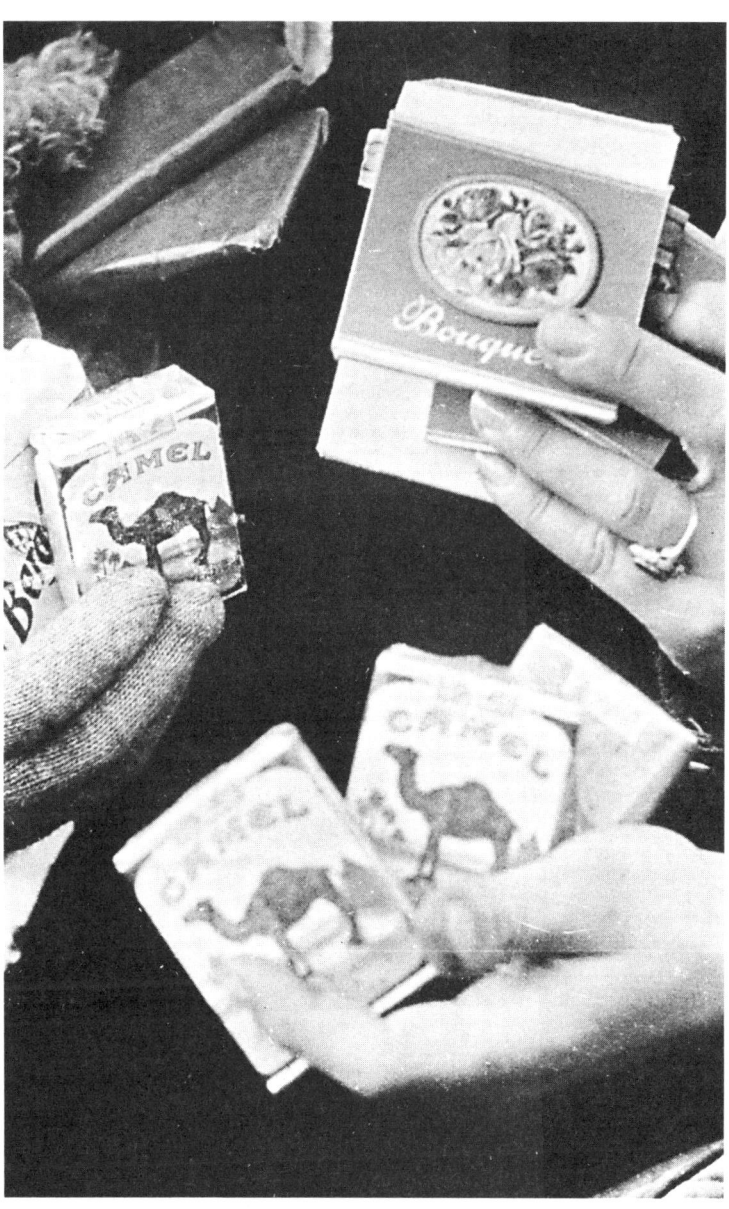

Schwarzhandel mit Zigaretten auf dem Potsdamer Platz, Januar 1949.

Der Mensch muss sich zu helfen wissen

Doch im Schwarzhandel kostete eine Zigarette zehn Reichsmark. Die Amerikaner zahlten in ihren Kantinen für die Packung ein paar Cents und konnten sich dafür erhebliche Werte einhandeln. Zehn Packungen mit je zwanzig Zigaretten waren in Zellophan gehüllt und bildeten eine »Stange«. Diese »Stangen« wurden im illegalen Verkehr die neue Währung, und kein noch so strenger Befehl konnte etwas dagegen ausrichten. Auf dieser Basis vollzog sich nun der große Ausverkauf. Mancher kostbare Familienschmuck wurde aus dem Versteck, das die Sowjets trotz systematischen Suchens nicht entdeckt hatten, hervorgeholt und verwandelte sich in eine Anzahl »Stangen«, von denen jede den Gegenwert von 2 000 Reichsmark besaß. Dafür konnte man schon vier Pfund Butter oder entsprechend viel hochwertige Lebensmittel kaufen.

Geschäftstüchtige Berliner entdeckten ein neues Gewerbe. Sie richteten Tauschzentralen ein, in denen man Dinge, die man aus besseren Zeiten mehrmals besaß, gegen solche einhandeln konnte, die fehlten. Ein Paar elegante Abendschuhe, das sich eine junge Dame wünschte, die dank ihrer Beziehungen zu Besatzungsmitgliedern wieder am geselligen Leben teilnehmen konnte, wurde gegen ein Paar deftige Straßenschuhe eingewechselt, die bei Regenwetter vor Feuchtigkeit und Schmutz schützten.

Wie man sieht, gibt es keinen noch so unzulänglichen und problematischen Zustand, an den der Mensch sich nicht gewöhnen könnte. Der Berliner besitzt in besonderem Maße die Gabe, sich auch schwierigen Situationen anzupassen und sie als etwas Unabänderliches hinzunehmen, wenn man ihm seine persönliche Freiheit nicht beschneidet. Es störte ihn wenig, dass seine Stadt in vier Sektoren aufgeteilt war. Niemand hinderte ihn vorläufig, aus dem einen Sektor in den andern hinüberzuwechseln. Nur die Uniformen der Militärs, die ihm dort begegneten, sahen anders aus. Ohne Schwierigkeiten konnte er wieder mit der Stadtbahn über Ost- und Westkreuz den Großen Ring abfahren und in allen vier Himmelsrichtungen die Metropole über und unter der Erde durchkreuzen.

Der einzige Unterschied bestand zunächst darin, dass die Westmächte die Bevölkerung ihrer Sektoren mit Lebensmitteln versorgten, die aus amerikanischen Lieferungen stammten, während die Sowjets nicht nur die Bewohner ihres Sektors und der Zone, sondern teilweise auch ihre Besatzungsarmee aus deutschen Beständen verpflegten. Da gab es ständig Verzögerungen und Ersatzleistungen bei der ohnedies dürftigen Zuteilung. Statt Fleisch wurde Fisch, statt Butter Margarine ausgegeben. Der Westen wurde knapp gehalten und musste den Gürtel enger schnallen, der Osten aber litt Mangel und musste sogar hungern.

Man muss einander verstehen lernen

In einem völlig andern Sinne als vor dem Kriege wurde Berlin nach dem Zusammenbruch eine internationale Stadt. Im Westen wurde überall Englisch, Amerikanisch und Französisch gesprochen, im Osten Russisch. Und viele Berliner sprachen, wenn sie mit Angehörigen der Besatzungsmächte in Berührung kamen, ein seltsames Gemisch.

Die Sprachlehrer hatten viel zu tun, und in den Buchhandlungen und Antiquariaten waren die Lehrbücher und Diktionäre schnell ausverkauft. Man handelte sie bald zu Schwarzmarktpreisen oder tauschte sie gegen Lebensmittel. Die alten Schulgrammatiken kamen wieder zu Ehren und wurden aus der Rumpelkammer hervorgeholt.

Am schnellsten lernten die jungen Mädchen die Fremdsprache des Sektors, in dem sie wohnten. Ihre Sprachmeister waren die Soldaten, die Partnerinnen zum Tanzen und Ausgehen brauchten und wenig Mühe hatten, sie zu finden. Die jungen Berlinerinnen hatten schon immer einen Hang zum Internationalen. Es dauerte nicht lange, und den Soldaten wurde erlaubt, deutsche Mädchen in ihre Klubhäuser und Kasinos mitzubringen. Für die übrigen Deutschen galten aber noch lange die Schilder mit der kategorischen Aufschrift: »Off limits!«

Schon nach relativ kurzer Zeit waren die Franzosen und Briten, am stärksten aber die Amerikaner, in den Sog der Stadt geraten. Die Amerikaner erlagen dieser seltsamen Beeinflussung vielleicht deshalb am meisten, weil das fremde Blut in vielen von ihnen noch für solche Ausstrahlungen empfänglich macht. Amerikaner, die längere Zeit in Berlin gelebt hatten und nach München versetzt wurden, stellten dort bald fest, dass nicht nur zwischen Berlinern und Münchnern, sondern auch zwischen »Berliner Amerikanern« und »Münchener Amerikanern« beträchtliche Unterschiede bestanden. Und nicht viel anders erging es Engländern, die aus dem quicklebendigen Berlin ins steife Hamburg verpflanzt wurden.

Amerika bemühte sich, die Berliner mit den kulturellen Errungenschaften aus den Jahren der deutschen Isolation bekanntzumachen, und die Berliner erwiesen sich wieder als aufgeschlossene Weltbürger, die gierig nach allem griffen, was ihnen an geistiger Kost geboten wurde. Das »Amerika-Haus« wurde zum Treffpunkt vieler Berliner aus dem Westen und Osten der Stadt. Sie hörten dort Vorträge, sahen Filme und Ausstellungen von Kunstwerken, kunstgewerblichen Arbeiten und Industrieerzeugnissen.

US-Soldaten mit jungen Berlinerinnen im Strandbad Wannsee, Juli 1945.

Man muss einander verstehen lernen

Eine reiche Sammlung von Büchern und Zeitschriften wartete auf Leser; und sie kamen. Als die Stadt gespalten worden war und der Besuch der Westberliner Lichtspielhäuser für die Ostberliner unerschwinglich wurde, lud das »Amerika-Haus« sie ein und zeigte ihnen kostenlos Filme der freien Welt, die drüben von der Leinwand verbannt waren. England etablierte in zentraler Lage, am oberen Kurfürstendamm, im Hause des früheren »Kabaretts der Komiker«, sein »British Centre«, das jetzt in einen Neubau an der Fasanenstraße verlegt ist. Frankreich, dessen Sektor weniger günstig gelegen ist, baute am mittleren Kurfürstendamm seine »Maison de France« mit einem modernen Kino, Ausstellungsräumen, einer Bibliothek und Vortragssälen. Im obersten Stockwerk richteten die Franzosen, eingedenk des Sprichworts, dass die Liebe durch den Magen geht, und der Tatsache, dass der Maître de cuisine Frankreichs bester Botschafter ist, eine Gaststätte mit Teeraum ein und gaben ihr den vielverheißenden Namen »Île de France«. Was das an kulinarischen Gütern gesegnete Land zu bieten hat, hier kann man es genießen. »Maison de Paicos« nannten die Berliner das Haus, weil anfangs die Zigarettenfabrik Paicos auf der Dachkante in Leuchtschrift ihre Fabrikate anpries. Die Franzosen ärgerte das, und die Reklame verschwand.

»Île de France« und der unvergleichliche Charme der Franzosen als generöse Gastgeber gehörten zusammen. Es gab für sie viele Gelegenheiten zum Feiern. Am 14. Juli blieben sie unter sich. Aber sonst sahen sie gern Gäste. Wenn Paris einen Stadtkommandanten aus Berlin abberief, dann gab es in der »Île de France« ein großes Bankett, bei dem die deutschen Gäste – Abgeordnete, Künstler, Männer der Presse, alle mit ihren Frauen – in der Oberzahl waren. Vor allem Journalisten erfreuten sich der Gunst der Franzosen; offenbar versprach man sich etwas von ihrem Einfluss auf die öffentliche Meinung. Kaum hatte der General seine langsam aufkreuzenden Gäste begrüßt, dann sahen sich diese dem glänzenden Arrangement eines riesigen Buffets gegenüber, das alle Leckerbissen französischer Gourmandise präsentierte. Dahinter standen die Köche in ihrem weißen Dress mit den hohen Mützen in Erwartung des Augenblicks, da das Tafeln beginnen sollte.

Wenn der neue französische Stadtkommandant seinen Posten antrat, wiederholte sich das alles. So ging es jahrelang. Inzwischen ist der schöne Brauch in Vergessenheit geraten. Wahrscheinlich fand man in Paris, die Rechnungen für solche Feste seien zu hoch und die Finanzen zu schlecht.

Die Amerikaner hatten mehr Sinn für Cocktailpartys. Bei ihren dreistündigen Empfängen stand man mit höflich lächelndem Gesicht herum und trainierte die Beinmuskeln. Man lernte Cocktails trinken, Cobblers schlürfen und die Erfindungsgabe der Amerikaner beim Mixen ihrer Drinks bewundern.

Die vier Besatzungsmächte zeigten den Berlinern durch alle geistigen Güter, die sie nach hier importierten, den grundsätzlichen Unterschied zwischen westlicher und östlicher Kultur. Es galt das große Vakuum auszufüllen, das das Dritte Reich durch seine rigorosen Isolationsmethoden geschaffen hatte. Die Berliner hungerten nach den Werken der bildenden Kunst, nach Musik, Theater und Literatur. Das alles strömte von Westen her in ständigem Fluss in das weite Auffangbecken Berlin. Der Osten dagegen hatte fast ausschließlich Zweckkunst zu bieten, die ihr »Made in USSR« meist nicht verleugnen konnte. Sowjetische Literatur in deutschen Übersetzungen überflutete die Ladentische der Ostberliner Buchhandlungen, und weil der Appetit auf bedrucktes Papier groß war, wurden die Bücher ziemlich wahllos gekauft. Man hoffte, darin etwas vom vielberufenen Geist des Fortschritts zu finden, und war bald enttäuscht, denn überall stieß man auf die starre Doktrin einer totalitären Machtpolitik.

Wie die Vertreter der Besatzungsmächte mit den Berlinern, so mussten sie auch untereinander Kontakt finden und sich aneinander gewöhnen. Das eine war nicht leichter als das andere. Als Kampfgefährten waren die westlichen Alliierten mit ihrem östlichen Partner kaum in Berührung gekommen. Nun, da es um Kameradschaft und Frieden ging, begannen die Schwierigkeiten. Die Sowjets hatten Berlin erobert und fühlten sich allein als Sieger. Amerikaner, Briten und Franzosen wurden von ihnen als wenig willkommene Gäste betrachtet.

So wurde die Kunst, in Berlin zu leben, auch für die Vertreter der vier Mächte ein Problem, das zu lösen sie lernen mussten. Es gelang ihnen bei allem guten Willen nicht immer. Bis ins gesellige Leben hinein wirkten sich die Spannungen zwischen Ost und West aus.

Der Sitz des Alliierten Kontrollrats lag im amerikanischen Sektor, und auch die Vertreter der Militäradministrationen mit ihren Stäben berieten hier die notwendigen gemeinsamen Maßnahmen, die einstimmig beschlossen werden mussten. Kein Wunder, dass mancher gutgemeinte Vorschlag unter den Tisch fiel, weil das russische »Njet« ihn erledigte. Diese Zusammenkünfte unter wechselndem Vorsitz endeten, als die Sowjets das Berliner Viermächtestatut sabotieren und der sowjetische Kommandant noch während einer Sitzung des Kontrollrates seine Mütze vom Haken nahm und das Haus verließ, weil man sich wieder einmal nicht hatte einigen können. Daraufhin wurde die rote Fahne vor dem Hause vom Mast heruntergeholt.

Von da an sahen die vier veruneinigten Alliierten einander nur selten. Die einzige Stelle, wo sie noch gemeinsam wirken, ist das Gefängnis der Prominenz des Dritten Reiches in Spandau. Jede Besatzungsmacht übernimmt dort im Wechsel für einen Monat die Wache. Der sowjetische Stadtkommandant hatte einmal den pikanten Einfall, seine drei westlichen Kollegen zu einem gemeinsamen Essen dorthin einzuladen. Die westlichen Herren wunderten sich zwar über diese ausgefallene Idee, waren aber so höflich, anzunehmen. Doch der sowjetische General erschien nicht. Er schickte einen Adjutanten als Vertreter. Bei den Sowjets muss man eben immer auf Überraschungen gefasst sein. Das hatten die Berliner damals schon längst begriffen.

Die Kunst, in Berlin zu leben, ist in jenen Zeiten keinem leicht gemacht worden, gleichviel ob Eingeborenen oder Fremden. Aber alle haben gelernt, sich anzupassen, und das ist schließlich das Wichtigste.

Die abwesende Viktoria

Wenn das alte gediegene Kopfsteinpflaster nicht längst durch Asphalt ersetzt worden wäre, dann wüchse heute Gras zwischen den sechs dorischen Säulen des Brandenburger Tores. Einst verband dieses Tor den neuen Westen mit der alten City. Was damals verbindend war, ist heute trennend, denn hier verläuft seit 1945 die Grenze, die West- und Ostberlin voneinander scheidet. Wo früher Autokolonnen und Busse unter dem Viergespann der Siegesgöttin dahin glitten, Passanten in beide Richtungen eilten, da ist heute kaum noch ein Mensch zu sehen. Wo die Quadriga stand, weht heute die rote Fahne.

Gebaut wurde das Brandenburger Tor zu einer Zeit, in der es keine großen Siege zu feiern gab, und auch die Viktoria oben auf der Plattform über dem Architrav hatte, als man sie dort aufstellte, keinem preußischen Feldherrn den Lorbeerkranz zu reichen. Für eine Reihe von Jahren diente das Brandenburger Tor als Abschlusskulisse für den königlichen Schlossbezirk mit seinen verschiedenen Repräsentationsbauten. Es dauerte lange, bis siegreiche Truppen durch das Tor marschierten, das durch Napoleon fast ein Jahrzehnt seines krönenden Schmuckes beraubt blieb. Als es mit den Siegen vorbei war, polterte das Fußvolk der Revolution zwischen den Säulen hindurch. Ihm folgten später die Fackelträger der Diktatur. Das Knallen der Stiefelabsätze war immer das gleiche, und als die Raupenketten sowjetischer Panzer in dem Asphalt ihre Spuren hinterließen, hatte die Viktoria ihre Rolle vollends ausgespielt.

Die Herren, die im östlichen Sektor Berlins regieren, ließen die schwer blessierte Dame samt ihrem brüchig gewordenen Siegeswagen und ihren verstümmelten Rossen während des kommunistischen Weltjugendtreffens zum Gaudium der Festteilnehmer von ihrem luftigen Standort herunterstürzen. Was übrig blieb, war ein Haufen Altmetall – damals gefragter als alle Überbleibsel monarchischer Vergangenheit.

Doch damit war die Rolle des Brandenburger Tores nicht ausgespielt. Immer wieder stand es bei großen und kleinen Gelegenheiten im Brennpunkt der Ereignisse. Am 17. Juni 1953 zogen Arbeiterkolonnen aus Ostberlin, die gegen die Unterdrückung demonstrierten, zum Brandenburger Tor, um das Symbol der Unfreiheit vom hohen Sockel herabzuholen und zu verbrennen. Die rote Fahne wurde in Fetzen gerissen, aber die Unfreiheit blieb.

Die Männer, die ihr Stellung und Macht verdanken, ziehen an sowjetischen Gedenktagen durch das Tor in den Bereich, in dem sie keine Gewalt ausüben, in dem aber ein paar hundert Schritte weit auf westlichem Boden die Sowjets ein Ehrenmal für die Rote Armee errichtet haben. Mit ihren deutschen Freunden ziehen

Die abwesende Viktoria

Britisches Panzerfahrzeug und Westberliner Polizei vor dem Brandenburger Tor, 1. Mai 1950.

Die abwesende Viktoria

sowjetische Würdenträger und Heeresangehörige am Jahrestag der Oktoberrevolution, am Tag der Roten Armee und der »Befreiung Berlins« über die Straße des 17. Juni dorthin, um Kränze für die Gefallenen niederzulegen. Jeden Tag aber marschiert diesen Weg die sowjetische Ehrenwache. Die Sowjets wurmt es, dass sie gezwungen sind, »fremdes Territorium« zu betreten. Für einen »Korridor« von einigen Metern Breite zwischen dem Brandenburger Tor und ihrem Ehrenmal boten sie vor einigen Jahren das von ihnen besetzte, aber schon damals nicht mehr benutzte und demontierte Haus des Rundfunks an der Masurenallee zum Tausch an. Doch das Angebot fand keine Gegenliebe. Das Rundfunkhaus ist inzwischen von den Sowjets geräumt worden, aber den Zugang haben sie nicht bekommen.

Man hat gelernt, dass es nicht ratsam ist, den Sowjets Konzessionen zu machen. Ihr Ehrenmal im Tiergarten ist von ihnen verschiedentlich als Menschenfalle benutzt worden. Von Agenten, die sich dort postiert hatten, wurde zum Beispiel, wie Augenzeugen berichten, ein unbekannter Zivilist in den Wachraum geschleppt und blieb seitdem verschwunden. Ein andermal benutzte ein Rotarmist seinen Posten in dieser Exklave, um zu desertieren, als in der Nähe eine Filmgesellschaft Aufnahmen zu einem Film über die Probleme der gespaltenen Stadt drehte.

Das alles geschieht im Schatten des Brandenburger Tores unter der roten Fahne, wo 1945, während des Kampfes um die Stadt, Berlins letzter Flugplatz war und die damalige Charlottenburger Chaussee als Rollbahn diente. Der Ostmagistrat ist neuerdings bereit, die rote Fahne durch eine neue Quadriga zu ersetzen. Er besann sich darauf, dass während des letzten Krieges ein vorsorgliches Amt für Denkmalpflege von dem Schadowschen Kunstwerk Abgüsse hatte machen lassen. In mehr als tausend Teilen lagern sie in den Magazinen der Gipsgießerei der ehemals Staatlichen

Museen zu Charlottenburg in Westberlin. Nach diesen Hohlformen lässt sich das Bildwerk rekonstruieren. Der Westsenat nahm den Wunsch des Ostmagistrats wohlwollend zur Kenntnis, aber zur Herausgabe der wertvollen Formen konnte er sich nicht entschließen. Stattdessen erklärte er sich bereit, auf eigene Kosten die Quadriga gießen oder in Kupferblech treiben zu lassen, wenn der Ostmagistrat für die Wiederherstellung des Unterbaus sorge. Die Verhandlungen führten endlich zu einem Ergebnis, aber die rote Fahne wird wohl noch einige Zeit dort im Winde flattern, wo Viktorias Ehrenplatz ist, und die Berliner müssen sich vorläufig mit der vergoldeten »Nike« zufrieden geben, die im Zuge der Straße des 17. Juni – so heißt die einstige Charlottenburger Chaussee jetzt – auf ihrer hohen Granitsäule steht und sehnsüchtig nach ihrer verschwundenen Schwester Ausschau hält. Der Westberliner Senat hat inzwischen eine neue Quadriga in Auftrag gegeben und die dafür erforderlichen 200 000 DM bewilligt.

Das Brandenburger Tor hat vieles, was Berlin und die Berliner bewegte, miterlebt. Es hat in guten und in schlimmen Zeiten frohe und trübe Ereignisse gesehen. Es stand im Schein der Flammen, die im Februar 1933 den Reichstag in eine Ruine verwandelten; es sah in einiger Entfernung das Flackern der Scheiterhaufen, auf denen die Nationalsozialisten die Bücher ihrer Gegner und unerwünschten Mitbürger verbrannten, und es sah viel Feuer, als rundum die Brandfackel des Krieges auf das Zentrum der Reichshauptstadt fiel.

Es sah aber auch in jüngster Zeit die Komödie politischer Irrungen, als Vertreter des Westsenats und Delegierte des Ostmagistrats mehrmals ein Stelldichein zwischen seinen Säulen verabredeten, um über »technische Probleme« von lokaler Bedeutung zu diskutieren. Im Westen weigerte man sich, den Osten zu betreten, im Osten wollte man sich nicht bequemen, dem Westen einen Besuch zu machen. Ein Treffen unter dem Brandenburger Tor sollte die Aktion neutralisieren. Aber es kam niemals dazu. Vergebens wartete der eine auf den anderen. In letzter Minute hatten sich Bedenken eingestellt, man könne mit einer solchen Kontaktaufnahme den Anschein erwecken, das gegnerische System anzuerkennen. Gleichwertige Partner wären es eben nicht gewesen, denn die von jenseits des Brandenburger Tores üben die Regierungsgewalt bekanntlich aus eigener – oder vielmehr sowjetischer – Machtvollkommenheit aus, während die von diesseits gewählte Vertreter der Bürgerschaft sind.

Weniger Skrupel als die Politiker macht sich die Polizei. Da die Fernsprechkabel zwischen Ost und West zerschnitten sind, muss man sich auf andere Weise verständigen, wenn es um die Aufklärung eines Kriminalfalls oder um die Verfolgung eines Verbrechers geht, der über die »Grenze« wechselte. Westberliner Kriminalbeamte und Ostberliner »Volkspolizisten« verhandeln dann in einem Auto an der Demarkationslinie beim Brandenburger Tor über die Möglichkeiten und Maßnahmen einer erfolgversprechenden Zusammenarbeit.

Die Berliner fragen sich schon heute, in welche Richtung die neugegossene Viktoria, wenn sie wirklich ihren verwaisten Platz auf dem Brandenburger Tor wieder einnimmt, ihre Rosse lenken und ob die rote Fahne ihr tatsächlich weichen wird. Da darüber der Ostmagistrat zu bestimmen hat, kann man nicht sicher sein. Bekanntlich hat die Viktoria schon früher einmal einen Frontwechsel durchmachen müssen. Als man sie auf ihre Plattform hinaufhievte, wandte sie das Gesicht nach Westen; aus dem napoleonischen Paris zurückgekehrt, schaute sie nach Osten. Dabei blieb es bis zu ihrem tragischen Ende. Wird man sie wieder eine völlige Kehrtwendung machen lassen, oder duldet es die Empfindlichkeit der Sowjets nicht, dass die Siegesgöttin ihrem Sektor den Rücken wendet, zumal sie ein paar hundert Schritte weiter im Moskauer Prunkstil ihr Botschaftsgebäude aufgebaut haben?

Den Berlinern ist es schließlich gleich, wohin Viktoria ihre Rosse lenkt, wenn sie nur erst wieder auf ihrem Postament steht. Man wird sie dann nicht als Göttin des Sieges betrachten, sondern als ein Symbol friedlicher Wiedervereinigung. Wenn sie vollzogen ist, dann führt auch der von den Kommunisten in »Platz der Einheit« umbenannte Pariser Platz zu Füßen der Quadriga mit Recht seinen Namen und wird die Ost-West-Achse, von der die »Straße des 17. Juni« und »Unter den Linden« gleichberechtigte Teile sind, wieder zu einer Schlagader der Stadt, auf der in beiden Richtungen die Kolonnen der Autos dahinrollen.

Noch ist es nicht so weit, aber wenn man von der Plattform des Brandenburger Tores einen Blick in die Runde werfen könnte, dann würde der Optimismus, der hinter solchen Träumen steht, neue Nahrung finden. Man sähe gegen die Spree gewendet – inmitten trostlosen Brachlandes – die Ruine des alten Reichstags, aber er soll bald wieder aufgebaut werden. Man sähe auch die aus dem Boden wachsende Mauer der von der amerikanischen Benjamin-Franklin-Stiftung finanzierten und von amerikanischen Architekten entworfenen großen Kongresshalle für mehr als zweitausend Personen, die nach ihrer Vollendung dem freien Austausch der Ideen dienen und eine Stätte der Freiheit des Wortes sein soll. Mit ihrem schwingenförmigen Dach wird sie einmal ein neues Wahrzeichen Berlins sein. Sie wird auch den Ostberlinern bereitwillig ihre Pforten öffnen, jenen Menschen, von denen viele jahrelang auch einen Weg aus ihrem Sektor zu finden wussten, um an den großen Westberliner Kundgebungen zum 1. Mai auf dem Platz der Republik teilzunehmen, während andere unter Zwang im Lustgarten in militärischem Drill mit Fahnen, Transparenten und den Waffen zur »Verteidigung des Friedens« und der »Errungenschaften des Arbeiter- und Bauernstaates« an ihren Führern vorbeimarschieren mussten. Auch Berlins jüngste moderne Kirche würde gegen Westen hin der Blick vom Brandenburger Tor erreichen. Sie erhebt sich am Rande des Tiergartens und ist ebenso wie das alte zerstörte Gotteshaus an derselben Stelle dem Gedächtnis Kaiser Friedrichs gewidmet. Ihre drei Glocken wurden von den Hansestädten Hamburg, Bremen und Lübeck gestiftet. Westdeutsche Länder und Städte trugen zur Ausgestaltung des Innern bei. Den mit seinen schlanken Betonstreben das niedrige Kirchenschiff überragenden Turm krönt ein sieben Meter hohes Silberkreuz. Von Scheinwerfern angestrahlt, leuchtet es nachts bis weit in das östliche Berlin hinein.

Der Straßenzug zwischen dem Brandenburger Tor und dem Lustgarten, der von Westberlinern nur noch selten betreten wird, hat mit den alten »Linden« kaum noch etwas gemein. Die weltberühmten Hotels, das »Adlon« und das »Bristol«, sind – wie manches andere bekannte Gebäude – triste Ruinen. Die Lücken in der Häuserfront können auch durch Spruchbänder nicht verdeckt werden. Ein reizvolles Überbleibsel biedermeierischen Berlins, das »Kranzler-Eck« mit dem Café, in dem schon die Damen der Krinolinenzeit ihre Schokolade schlürften und ihr Vanilleeis löffelten, wird noch jahrelang auf seinen Aufbau warten müssen, weil ein neues Café an der ziemlich verödeten Straße nicht lohnend genug erscheint und die »Partei« ohnedies eine Abneigung gegen die »dekadente Klatschtantenecke« hegt. So nämlich nennt man sie im Ostberliner Politikerjargon. Man fürchtet, hier könne »die ganze altbürgerliche dekadente Atmosphäre« Berlins wieder aufleben.

Der Berliner wird melancholisch, wenn er heute an die alte Prachtstraße denkt und sieht, was davon übrig geblieben ist. Eigentlich ist sie nur noch eine Sackgasse, wenngleich der »Sack«

Hotel Adlon in Trümmern, Januar 1950.

Die abwesende Viktoria

nicht völlig geschlossen, sondern nur ein wenig abgeschnürt ist. Doch was bedeutet schon das »Loch« am Brandenburger Tor, wo auf der einen Seite die Männer von der Vopo stehen und jeden Passanten mit Misstrauen betrachten und auf der andern die Westberliner Zollbeamten jeden mit Röntgenaugen durchleuchten, ob er auch keine Bannware über die Sektorengrenze schmuggelt.

Erst in fünfzehn oder zwanzig Jahren soll nach dem Willen des Ostmagistrats die einst weltberühmte Kreuzung der »Linden« und der Friedrichstraße in neuer Gestalt erstehen. Eiliger hatte man es drüben mit dem Aufbau der Staatsoper, für den man über fünfzig Millionen Ostmark aufwendete, denn für »Kultur« ist kein Betrag zu hoch. Mit ihr kann man eine schimmernde Fassade vor vielen Missständen errichten, und das ist schon das Geld wert.

Seit Knobelsdorff das Haus für seinen königlichen Jugendfreund aus den glücklichen Rheinsberger Tagen errichtete, ist viel daran herumgebaut und verändert worden. Noch während des letzten Krieges wurde es erneuert, nachdem Brandbomben erhebliche Schäden verursacht hatten. Beim Kampf um Berlin wurde es ziemlich zerstört. Aber auch die Kommunisten fanden, dass Knobelsdorff seine Sache gut gemacht habe, und hielten sich beim Wiederaufbau an die Pläne des ersten Architekten. Wenigstens im Äußeren. Innen versuchte man, das Alte mit dem Neuen sinnvoll zu verbinden.

Die Tradition respektierte man auch, indem man Generalmusikdirektor Erich Kleiber an das neue Institut engagierte. Er hatte hier am Dirigentenpult gestanden, bis die Nationalsozialisten ihm den Taktstock aus der Hand rissen. Mit Beethovens »Fidelio« sollte er die in neuem Glanz erstandene Staatsoper eröffnen. Doch dazu kam es nicht. Eines Tages sah er, dass man an der Stirnseite des Gebäudes ein Gerüst errichtete und Steinmetzen den Architrav über den Säulen des Portals mit ihren Hämmern bearbeiteten. Dort stand wie in alten Zeiten wieder in lapidaren Lettern die Inschrift: »Fridericus Rex apollini et musis«. Das Blattgold für die Lettern war nur mit großer Mühe zu beschaffen gewesen, aber es glänzte besonders schön in der Herbstsonne. Doch dieser Glanz und die ganze Inschrift stachen ein paar ostzonalen Funktionären in die Augen, und die Worte »Fridericus Rex« ließen sie nicht mehr ruhig schlafen. So verfügten sie denn: »Die Inschrift muss weg!« Der neue Generalmusikdirektor aber fand, dass Kunst und Politik zu trennen seien und dass der Name des musischen Königs mit Recht am Tempel der Musen stehe, den er geschaffen hatte. Wo man das nicht respektiere, sei es auch um die Freiheit der Kunst schlimm bestellt. Damit beendete er seine Tätigkeit, ehe er sie begonnen hatte.

Der Wiederaufbau der Linden-Oper hat sich gelohnt. Die Westberliner Städtische Oper kann sich mit ihrer östlichen Schwester nicht messen. Sie ist ein Provisorium in einem völlig veralteten Theaterbau, in dem alles zu eng und beschränkt ist, aber sie kann ihr Domizil nicht wechseln. Das große und moderne Haus an der Bismarckstraße wartet noch auf den Wiederaufbau. Die 18 Millionen, die er kosten wird, sind noch nicht beisammen, und in Westberlin ist man haushälterischer als im Osten. Aus dem Währungsgefälle zieht die Ostberliner Staatsoper ihren Nutzen. Hüben und drüben sind die Eintrittspreise annähernd gleich. Da Kultur drüben auch von Westmarkkunden in Ostmark bezahlt werden kann, profitieren die Westberliner 75 Prozent, wenn sie dort in die Theater gehen. Sie ziehen dabei die Oper vor, weil sie da vor parteipolitischer Propaganda sicher sind. Für drei Mark West sitzen sie auf den besten Plätzen, für die sie in ihrer Oper zwölf Mark berappen müssen. Dabei sind die künstlerischen Darbietungen gleichwertig. Selbst die Erfrischungen im Foyer kann der Westberliner mit Ostgeld bezahlen, falls er den HO-Würstchen und ähnlichen Delikatessen genügend Vertrauen entgegenbringt. Überraschend viele Autos mit Westberliner Kennzeichen sieht man um die Staatsoper herum parken.

Vom König, der gen Osten ritt

Lange vor der Inschrift an der Linden-Oper verschwand das Rauchsche Reiterstandbild des alten Königs auf dem Platz davor, das schönste Bildwerk Berlins nach Schlüters Großem Kurfürsten. Während dieser die Kriegsereignisse glücklich überstand, weil das Schiff, auf dem man ihn in Sicherheit bringen wollte, im Westhafen gesunken war und das Wasser seine schützende Hülle über ihn gebreitet hatte, war der bronzene Urenkel weniger gut davongekommen.

Die neugierigen Sowjets rissen die Vermauerung, die man um das Denkmal aufgebaut hatte, nieder und entdeckten in seinem Versteck den unentwegten Reiter, wie er, in wehenden Hermelin gehüllt, die Hand mit dem Krückstock in die Hüfte gestemmt, auf dem figurenreichen Sockel sein Ross lenkte. Und ausgerechnet gen Osten. Man erinnerte sich auch, dass der alte Herr mit der Adlernase einmal seine »Kerls« gegen das Volk der Sowjetmenschen hatte marschieren lassen. Dass es damals noch zaristische Muschiks waren, konnte nicht als Entschuldigung angesehen werden. In Anbetracht solcher Erwägungen plädierte der diensteifrige verantwortliche Leiter des Ostberliner Amtes für Denkmalpflege für die Entfernung des militaristischen Souveräns. Es kostete viel

Das eingemauerte Reiterstandbild Friedrichs des Großen, verhüllt mit Propaganda; rechts die Staatsbibliothek, 1. Mai 1948.

Mühe, das Denkmal in seine Einzelteile zu zerlegen, und manches Stück ging dabei zu Bruch, anderes wanderte in die Säcke räuberischer Schrottdiebe. Was übrig blieb, wurde nach Potsdam gebracht. Im Park von Sanssouci lässt man es, in einem Gebüsch versteckt, unter Strohmatten verwittern. So allerdings hatte der alte Fritz es sich nicht gedacht, als er wünschte, in seinem Schlösschen »Sorgenfrei« begraben zu werden.

Die kommunistische Bilderstürmerei hat in der Umgebung des alten Königs noch andere Opfer gefunden. Die zahlreichen Denkmäler, die der fleißige Christian Rauch geschaffen hatte, bildeten an den oberen »Linden« so etwas wie ein preußisches Pantheon unter freiem Himmel. In freundlichem Verein standen hier auf ihren Sockeln die Marmorstandbilder von Bülow, Scharnhorst, Yorck, Gneisenau und Blücher. Bis auf Yorck waren alle ohne Blessuren aus den Kämpfen um Berlin hervorgegangen, aber gerade das schien die Kommunisten zu ärgern. Wie einen »Irgendwer« ließen sie den gestürzten und geborstenen Yorck gleich in den ersten Wochen auf Schubkarren abtransportieren. Um das Schicksal der übrigen heilgebliebenen Marmor-Generalität ging ein jahrelanger Kampf zwischen den Funktionären und den Kunstexperten. Die einen verlangten die Vernichtung der Denkmäler, die andern sprachen sich energisch für ihre Erhaltung aus. Der Streit dauerte bis zum Weltjugendtag 1950. Da bekamen die Politiker die Oberhand, und um die Jugend vor den vergiftenden Einflüssen der steinernen Militärs zu schützen, sollten sie verschwinden. Es gelang aber, sie, wenn auch mit schweren Beschädigungen, auf die Museumsinsel zu retten und in den dortigen Werkstätten zu bergen und zu restaurieren. Vielleicht kehren sie im Zuge einer politischen Kursänderung einmal als »Patrioten« auf ihre Plätze zurück.

Äußerlich einigermaßen heilgeblieben ist die Universität, die noch bis 1945 den Namen Friedrich Wilhelms, ihres Gründers, tragen durfte. Seit 1948 heißt sie Humboldt-Universität. Ihre Fassade täuscht, denn der Kern ist nicht mehr der alte. Im Innern hat der ideologische Schimmelpilz das Haus der freien Wissenschaft befallen. Die Bücherschätze der Staatsbibliothek, in der Berlin schwarz auf weiß das besaß, was kluge Köpfe in aller Welt an Erkenntnissen gesammelt und zu Papier gebracht hatten, sind auch erheblich dezimiert, denn große Teile liegen noch in Marburg, wohin man sie während des Krieges vorsorglich gebracht hatte.

Wo das Berliner Stadtschloss und das Nationalmuseum Kaiser Wilhelms I. standen, ist jetzt nichts als weit und breit »Marx-Engels-Platz«. Man merkt der schrecklich leeren Fläche an, dass ihre Weiträumigkeit sie in Verlegenheit setzt. Wenn aber bei besonderen Gelegenheiten, und deren gibt es in Ostberlin ungewöhnlich viele, die von der Partei mobilisierten und in Marsch gesetzten Massen aufziehen, dann wird dem großen Platz durch den Stampfschritt der Kolonnen und den schrillen Lärm der Kundgebung seine wichtige Bestimmung ins Gedächtnis gerufen.

Dort, wo der neue Dom, der nun auch schon ein alter geworden ist, noch immer ohne die vertraute grünschimmernde Kuppel sein zerstörtes Kirchenschiff schutzlos Sturm und Regen ausgesetzt sieht, endet das kommunistische Regime. In der Krypta, deren Mauern aus Granit sind, versammeln sich jeden Sonntag protestantische Andächtige aus Ost- und Westberlin zum Gottesdienst, während die Katholiken die wiederhergestellte St.-Hedwigs-Kathedrale zum Gebet aufsuchen.

Obwohl er für viele Berliner ein Anlass zur Unlust wird, wenn sie zu Feierstunden dorthin befohlen werden, und obwohl er mehr aus Steinen als aus Bäumen und Sträuchern besteht, heißt der Platz vor dem Dom noch immer Lustgarten. Nur gelegentlich macht er seinem Namen Ehre, dann nämlich, wenn auf ihm die Budenstadt des Weihnachtsmarktes aufgeschlagen wird und die

Weihnachtsmarkt vor dem Berliner Dom, 1948.

Vom König, der gen Osten ritt

Kinder aus dem Ostsektor einen Blick ins Paradies tun dürfen. Den Weihnachtsmann und den Christbaum haben die Kommunisten nämlich noch nicht abschaffen können, so gern sie es auch möchten. Um aber wenigstens von diesen »reaktionären« Bräuchen zu profitieren, haben sie ihre staatliche Handelsorganisation eingeschaltet. Die HO verkauft vom Frankfurter Würstchen aus volkseigenen Schlächtereien bis zum Lebkuchen, von Puppen bis zu Schaukelpferden aus sächsischen VEBs (Volkseigenen Betrieben) alles, wonach den Besuchern der Wunsch steht. Es gibt allerhand Kirmestrubel mit Karussell und Schiffsschaukel, mit Rutschbahn und anderem Jahrmarktzauber. Sogar an eine Schießbude ist gedacht, an der die jungen »Friedensfreunde« zeigen können, welchen Grad der Treffsicherheit sie in ihren wehrsportlichen Übungsstunden erreicht haben. Auf den Stufen der Tribünen, wo bei feierlichen Gelegenheiten die Funktionäre der Regierung und der Partei ihre Sitze haben, ist eine Märchenlandschaft aus Gips und Pappe aufgebaut, über der auf einer großen Tafel die Worte: »Frieden – Freude – Völkerfreundschaft« stehen.

Eins zu eins – eins zu vier – vier zu eins

Der organisierte Schmuggel von Ost nach West wurde eine Zeitlang von den Sowjets nicht nur geduldet, sondern sogar über die von ihnen eingerichteten »Handelszentralen« gelenkt. Mit minderwertigem Kaffee und schlechten Zigaretten in gefälschter amerikanischer Verpackung machten sie Riesengewinne in guter Westmark. Sie benutzten für diesen Handel meist dunkle Existenzen, die einmal alle Tricks und alle Schleichwege kannten und zum anderen bereitwillig jedes Risiko auf sich nahmen. Erst als in Westberlin die Preise für guten Kaffee und anständige Zigaretten infolge der Steuersenkungen zurückgingen, lohnte das Geschäft nicht mehr.

Heute hat auch der private Schmuggel nicht mehr viel, womit er handeln kann. Die Preise in Westberlin haben sich normalisiert, und die angebotenen Qualitäten sind von der »volkseigenen Wirtschaft« unerreichbar. Allenfalls in den Zeiten starken Verbrauchs an Alkohol und Geflügel, zu Weihnachten und Neujahr, lohnt sich noch das Wagnis. Da werden von den wachsamen Hütern beiderseits der Grenze oft erhebliche Mengen solcher Konterbande beschlagnahmt. In dieser Zeit erreicht auch der private Schmuggel mit solchen Waren seinen Höhepunkt, die durch den Umrechnungskurs im Osten wesentlich billiger sind als im Westen und bei denen es weniger auf Qualität ankommt. Von hundert Westberlinern, die man kontrolliert, werden neunzig dabei ertappt, dass sie illegal erworbene Gegenstände mit sich führen.

Dabei ist es für einen Westberliner nicht einfach, in einem Ostberliner Geschäft einzukaufen, denn mit Ausnahme von Büchern und Druckschriften werden alle Waren nur gegen Vorlage des Ostausweises abgegeben. Arbeitnehmer, die im Westen wohnen, ihre Arbeitsstätte aber im Osten haben, erhalten eine besondere Genehmigung, mit der sie in Ostberliner Geschäften einkaufen können. Ein erheblicher Teil ihres Einkommens oder Lohnes wird ihnen vom Westsenat eins zu eins in Westmark umgetauscht, damit sie ihre fixen Ausgaben decken und ihren Lebensunterhalt im Westen bestreiten können. Dafür wird den im Osten wohnenden Westberliner Arbeitnehmern ein Teil ihrer Bezüge in Ostmark vergütet.

Das Geschäftsleben Ostberlins wird in der Hauptsache von den HO-Läden bestimmt. Die »Staatliche Handelsorganisation« betreibt neben Unternehmen mit warenhausähnlichem Charakter, in denen von Lebensmitteln bis zu feinmechanischen Apparaten, von der Wollsocke und dem Nylonstrumpf aus Karl-Marx-Stadt bis zum Rundfunkgerät alles angeboten wird, auch Fach- und Spezialgeschäfte aller Art. Allein die zentrale HO-Verkaufsstelle am Alexanderplatz hat in den sieben Jahren ihres Bestehens eine Milliarde umgesetzt. Ein Drittel davon floss dem Staat als Gewinn zu. Die HO konnte sich nach der Verstaatlichung zahlreicher Privatunternehmen und nach der Enteignung vieler kleiner Geschäftsbetriebe etablieren und ausbreiten. Entgegen den Gepflogenheiten des privaten Handels setzt sie ihre Preise willkürlich fest und kann deshalb ebenso willkürlich Preisveränderungen vornehmen, wenn die innenpolitische Situation es ratsam erscheinen lässt. Erhebliche Preisherabsetzungen und Verbilligungsaktionen haben aber – abgesehen von der innenpolitischen Situation – meist noch einen anderen Haken. Das gleiche gilt für die seit kurzer Zeit alljährlich stattfindenden »Schlussverkäufe«. Bei den dann billig angebotenen Dingen handelt es sich fast ausschließlich um Ladenhüter, die abgestoßen werden sollen, oder um Exportgüter, die wegen mangelhafter Qualität oder wegen einer Fehlkonstruktion von den ausländischen Bestellern zurückgewiesen wurden. Die Berliner HO-Läden sind in auffallender Weise besser mit Waren versorgt als die in der Zone. Ihr Kundenkreis hat nämlich gute Vergleichsmöglichkeiten. Ein Blick über die Sektorengrenze genügt, um Maßstäbe an die Hand zu geben.

Während in den Läden der HO streng darüber gewacht wird, dass nur Inhaber von Ostausweisen einkaufen, dürfen in den von ihr betriebenen Gaststätten und Cafés auch Westkunden bedient werden – allerdings haben sie eins zu eins in Westmark zu zahlen.

*Sommerschlussverkauf in einem HO-Warenhaus in Berlin-Weißensee,
August 1955.*

Ein Kuriosum gibt es in der Stalinallee, das sehenswert ist. Es ist ein Kindercafé mit Musik im mittleren Stockwerk eines der dortigen Wohnpaläste für Funktionäre und Aktivisten.

Wenn ein Ostberliner einen Verwandten oder Bekannten aus Westberlin zu einer Tasse Kaffee in seinem Sektor einlädt, kann es zu kuriosen Szenen kommen. Der Ostberliner kann seinen Kaffee in Ostwährung zahlen, muss aber für seinen Begleiter in Westmark berappen, obwohl er – streng genommen – Westmark gar nicht besitzen darf. Vor einigen Jahren waren die Bestimmungen noch strenger. Da durfte ein Westberliner in einem solchen Falle überhaupt nicht bedient werden. Nicht einmal ohne etwas zu verzehren durfte er neben seinem »Gastgeber« sitzen. Er wurde energisch darauf hingewiesen, dass nur Konsumenten einen Stuhl zu beanspruchen hätten und die Frequenz der Lokale es nicht erlaube, »trockene« Gäste zu dulden. Aus Höflichkeit musste dann auch der Ostberliner ohne Erfrischung und oft mit knurrendem Magen samt seinem Begleiter abziehen, um sich jenseits der Sektorengrenze ohne Schwierigkeiten – allerdings dann für einen Kurs von mindestens vier zu eins – zu laben.

Inzwischen ist man toleranter geworden. Man hat den Grenzverkehr ein wenig gelockert. An vielen Stellen sind die Sperren beseitigt worden. Man wirbt sogar für den Besuch Ostberlins und möchte etwas von dem Besucherstrom, dessen Ziel Westberlin ist, in die eigenen Kanäle lenken. Am Kontrollpunkt auf der Autobahn drückt man den ankommenden Reisenden lockende Werbeschriften mit großen Versprechungen in die Hand. Dabei setzt man voraus, dass das Vergnügen, einen Abstecher über die Sektorengrenze zu machen und sich in Ostberlin umzuschauen, den Besuchern schon einen Wechselkurs eins zu eins wert ist. Es ist nicht zu leugnen, Ostberlin ist zu einer Touristenattraktion geworden. Mit scheuer Neugier und leichter Beklommenheit stecken die Fremden die Nase über die Sektorengrenze, registrieren erstaunt, wie in U-Bahn und S-Bahn plötzlich die Gespräche verstummen, wenn die Züge Westberliner Gebiet verlassen, wundern sich, wenn die Fahrgäste der Straßenbahn über den mit Unkraut bedeckten Potsdamer Platz stapfen, um jenseits der Trennlinie die östlichen Anschlusswagen zu besteigen. Sie lassen sich durch die Schauwohnungen in der Stalinallee führen und kaufen Ansichtskarten mit den Bildern der Repräsentationsneubauten aus Ostberlin, mit denen das Regime Propaganda zu machen und von seiner Rückständigkeit in Bezug auf die Beschaffung des nötigen Wohnraums abzulenken versucht.

Was den Wechselkurs anbetrifft, haben die Westdeutschen es immerhin noch besser als etwa die Amerikaner. Auch sie willkommen zu heißen und ihnen alle Herrlichkeiten des östlichen Fortschritts zu zeigen, ist man bereit. Man weiß sie als Besucher zu schätzen, aber ihren Dollar betrachtet man voller Bedauern als eine minderwertige Devise – offiziell. Nur mit zwei Ostmark vergütet man ihn. Das sind in Westwährung 50 Pfennige, während er im Westen achteinhalbmal so viel wert ist. Ist die ganze Komödie mit der Währung schon Unsinn, hat sie doch Methode. Sie ist nämlich ein politischer Taschenspielertrick. Man will auf diese Weise den Bürgern der DDR beweisen, wie gut und wertvoll ihr Geld ist. Ob es aber einer glaubt?

Ostberlins Eifer, sich den Fremden zu präsentieren, hat seine guten Gründe. Man hat es ein wenig nach Potemkinschem Muster als Fassade aufgeputzt und möchte damit den Anschein erwecken, so sei es überall in der Zone und es liege dort keineswegs alles im Argen.

Glanzlose alte City

Die Fassade Ostberlins hat noch erhebliche unschöne Lücken. Man bekommt sie selbst in der alten City zu sehen, wo die einst so turbulente Friedrichstraße zwischen den »Linden« und der Leipziger Straße ziemlich verödet ist. Die Trümmer sind zwar sauber abgeräumt, aber Aufbaupläne hat man noch nicht verwirklicht. Die lebhafte, bunte Basarstraße von einst ist zu einer Zeile zweiter Ordnung herabgesunken, denn sie liegt im Randgebiet des Ostsektors.

Durch den südlichen Teil der Friedrichstraße geht die trennende Schnittlinie. Das ehemalige Zeitungsviertel, das bis zum verheerenden Brande im Februar 1945 die großen Verlagshäuser der Tageszeitungen beherbergte, ist völlig ausgestorben. Zwischen Leipziger Straße und Belle-Alliance-Platz, der jetzt Mehringplatz heißt, ist filmhistorischer Boden. Hier etablierten sich, als die Produktion noch in den Kinderschuhen steckte, die ersten Filmgesellschaften. In der Nähe lagen die Lokale, in denen Komparsen und Statisten in bester Aufmachung ihren »Typ« feilboten und auf die große Chance hofften. Nur ein kümmerliches Dutzend Gaststätten ist in diesem Teil der Friedrichstraße übriggeblieben, wo nun ganz andere Gäste verkehren, und auch diese Lokale sind außerhalb der Stunden des Berufsverkehrs meist leer, denn die Gegend ist kaum noch bewohnt.

Aber auch der ostsektorale Teil der Friedrichstraße, in dem früher das große Vergnügungszentrum der City lag und in dem nahezu einhundert Gaststätten aller Art und Grade, Tingeltangel und Barbetriebe, allabendlich voller Leben waren, ist bis zu den »Linden« abgestorben. Das Café Bauer mit seinen Porphyrsäulen, Wandspiegeln und seinem vergoldeten Stuck existiert nicht mehr. Im ehemaligen Haus der Schweiz, schräg gegenüber, hat sich das sowjetische Hotel Intourist etabliert. Die weltbekannten großen Hotels in der Umgebung des Bahnhofs Friedrichstraße sind verschwunden. Der Bedarf an Fremdenquartieren in Ostberlin ist nicht groß. Er wird durch die einhundert Hotels und Pensionen mit ihren nur 2 000 Betten völlig gedeckt, während in Westberlin die 350 Hotels und Pensionen mit 8 000 Betten längst nicht mehr ausreichen.

Das kurze Stück Friedrichstraße von den »Linden« bis zur Weidendammbrücke dagegen hat sich noch etwas von seiner früheren Lebendigkeit bewahrt. Seine besonderen Attraktionen allerdings hat es eingebüßt. Die Tausenden, die einst zum »Wintergarten« und zu den brillanten Revuen im »Admiralspalast« strömten, fehlen heute ebenso wie die Besucher der großen Ballhäuser in dieser Gegend, die meist aus der Provinz kamen und hier etwas erleben wollten. Das nächtliche Straßenbild wird nun von den Gästen der wenigen wiedereröffneten Gaststätten und von den Benutzern der U- und S-Bahn belebt. Solange im Admiralspalast noch die Deutsche Staatsoper untergebracht war, zu deren Galapremieren die ostzonale Prominenz in ihren Staatslimousinen vorfuhr und im Scheinwerferlicht durch das Défilé der Vopos schritt, gab es noch etwas weltstädtischen Betrieb. Inzwischen ist die Operette in das jetzt als Metropoltheater etikettierte Haus eingezogen, und es geht darin weit bescheidener und glanzloser zu.

Immerhin hat sich die Friedrichstraße in der Nähe des einst so berühmten Bahnhofs noch etwas von ihrem früheren großstädtischen Glanz bewahrt, was man von der Leipziger Straße nicht sagen kann.

Nicht mehr die großen Kaufhäuser und eleganten Geschäfte charakterisieren heute die Leipziger Straße. Ihr Gesicht wird durch das »Haus der Ministerien«, Hauptsitz der Regierung und

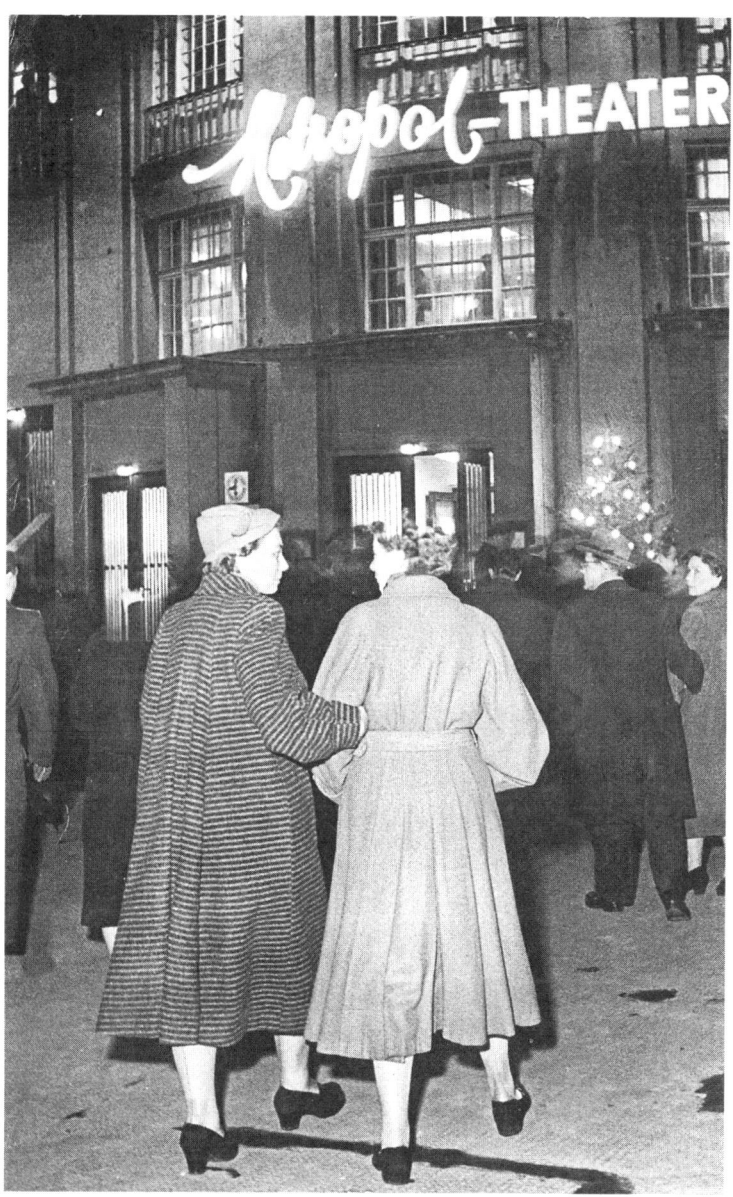

Gäste auf dem Weg ins Metropoltheater, Dezember 1955.

Amt des Ministerpräsidenten der »DDR«, im Gebäudekomplex des einstigen Luftfahrtministeriums bestimmt. In diesem Teil der Straße trägt das Pflaster noch Spuren der sowjetischen Panzer, die die Erhebung der Ostberliner Arbeiter im Juni 1953 niederschlugen.

Die Brandruine des Columbushauses, das Erich Mendelsohn baute, blickt traurig auf den verwaisten Potsdamer Platz, über den einst in allen Richtungen der Verkehr brandete. Hier wird der Widersinn der rigorosen Grenzziehung besonders deutlich und schon rein optisch spürbar. An hohen Stahlmasten funken die beweglichen Buchstaben einer Leuchtschrift den Mitbürgern in Ostberlin wichtige Nachrichten aus der freien Welt zu, die man ihnen drüben verschweigt.

Potsdamer Platz – das war der Inbegriff dessen, was man Berliner Betrieb, Berliner Tempo nannte, obwohl der Berliner ein paar Schritte weiter seine Eile vergaß und in eine gemächlichere Gangart fiel. Denn drüben, wo das achteckige Geviert schon Leipziger Platz hieß, waren beiderseits der Straße die Verkaufsstände der berühmten Blumenfrauen, die nicht einmal der Bombenkrieg von ihren Plätzen vertreiben konnte. Im Frühling boten sie die ersten Blüten und im Sommer ganze Gebirge von Rosen, Tulpen und Nelken feil. Im Herbst waren es prächtige Bündel von Chrysanthemen, Gladiolen, Astern und Dahlien, und in der Weihnachtszeit stand Nikolaus dort hinter dem Budentisch und lockte die Kinder mit Spielsachen, Zuckerwaren und Lebkuchen. Das war dann mitten in der Weltstadt ein Stück kleinstädtischen Berlins.

Ein Kranz von Ruinen, darunter die des vielgerühmten Messelbaus des Warenhauses Wertheim, umrahmt jetzt das von Unkraut überwucherte Achteck des Platzes, auf dem es keine Blumenfrauen mehr gibt, weil Berlin dort nicht mehr Berlin ist. Nichts trennt so sehr wie die Leere, und hier ist besonders abends und nachts nichts als Leere. Höchstens eine streunende Katze huscht über den dunklen Platz, oder eine Streife der Volkspolizei schlendert drüben vorbei, während sich hüben ein paar »Stummpolizisten« Bewegung verschaffen. Ein schwacher Lichtschimmer dringt aus den Treppenschächten der U-Bahn, deren dumpfes unterirdisches Rollen der einzige Laut in dieser Friedhofsstille ist.

Tagsüber sind auf westlicher Seite ein paar Zollbeamte postiert. Die HO hatte vor einiger Zeit auf dem Leipziger Platz einige Läden eingerichtet, in denen Westkunden gegen Ostmarkbeträge allerhand Waren kaufen konnten. Inzwischen wurden diese aber auch schon wieder geschlossen.

Wenn Gäste zu einer Silvester- oder Faschingsfeier ins »Esplanade« in der Bellevuestraße um die Ecke eilen, wo früher das Café Josty stand – ihr Auto müssen sie ja in der Potsdamer Straße parken, weil die Grenze mitten durch die Bellevuestraße verläuft und die rechte Straßenseite schon zum Ostsektor gehört –, dann werfen sie einen scheuen Blick nach drüben ins große Dunkel. Vielleicht schleudern sie auch eine bunte Papierschlange über die Grenze, und das schmale dünne Bändchen verbindet für ein paar Stunden Ost und West, die doch eigentlich zusammengehören.

Boulevard der Nationen

Unter den bekannten Avenuen und Boulevards der Welt ist der Berliner Kurfürstendamm so etwas wie ein Wunderkind. Er war schon in frühester Jugend berühmt. Um die Jahrhundertwende noch eine eben aus dem Schlaf erwachte Allee, war er zehn Jahre

später schon eine ansehnliche Promenade mit stattlichen Wohn-
palästen hinter gepflegten Vorgärten. Aber das dauerte nicht
lange. Der Kurfürstendamm änderte schnell sein ursprüngliches
Aussehen und wurde ein richtiger Boulevard. Er erfüllte die Sehnsucht der Berliner nach einer Straße von großstädtischem Charakter, und er wurde ihr gehätschelter Liebling, den sie zärtlich
»Ku-damm« nennen. Nach ihm sehnen sich diejenigen, die der
Krieg aus Berlin vertrieben hat und die aus irgendeinem Grunde
nicht zurückkehren können. Das Wort vom »Heimweh nach dem
Kurfürstendamm« ist zum Stoßseufzer derer geworden, die der
Stadt ihre Anhänglichkeit auch in der Ferne noch bewahrt haben.

Um den Kurfürstendamm kreiste einmal das starke äußere
und geistige Leben der großen Stadt. Sein einstiger Internationa-
lismus wird auch heute wieder in seinem Publikum erkennbar. Er
erreicht seit 1951 alljährlich einen Höhepunkt in den Frühsom-
mertagen, da aus allen Kontinenten berühmte Gäste zu den »Internationalen Filmfestspielen« erscheinen, die sich um den dann
wahrhaft seinen Ruf als Boulevard der Nationen rechtfertigenden
Kurfürstendamm konzentrieren.

Längst sind die gitterumhegten Vorgärten aus der Frühzeit
dem Verkehr geopfert worden; wo Sträucher und Stauden wuch-
sen, da glitzern heute Vitrinen mit begehrenswerten Dingen. Von
unten nach oben hat sich das Wirtschaftsleben der anliegenden
Häuser bemächtigt. Viele der großen Wohnungen sind heute in
kleinere aufgeteilt worden, um Mieter zu finden. In den größeren
haben sich Pensionen etabliert, Modesalons und Schneidermeis-
ter niedergelassen oder sind Büros eingerichtet worden. Aus der
Wohnstraße ist eine Geschäftsstraße geworden. Was an Neubauten dort entsteht, sind Industriehäuser mit Läden im Erdgeschoss.
Die Textilindustrie dominiert. Die Autoindustrie präsentiert
hinter schimmernden Spiegelscheiben ihre attraktiven Modelle.

Wieder eröffnetes Vorgartencafé auf dem Kurfürstendamm, Sommer 1948.

Boulevard der Nationen

Bankfilialen demonstrieren die neue Blütezeit des Geldmarktes im westlichen Deutschland.

Der sandige Boden des alten Dammwegs, auf dem Kurfürst Joachim II. zu seinen Schäferstunden mit der schönen Gießersgattin im Jagdschloss Grunewald ritt, ist inzwischen Goldes wert und trägt reichlich Zinsen. Aber hier rollt auch das Geld. An seiner Zirkulation sind gleicherweise Berliner und Fremde beteiligt. Die reizvollen Auslagen verlocken zum Geldausgeben. Ein Einkauf ohne eine Tasse Kaffee, ein Stück Kuchen oder eine Portion Eis bei Kranzler, im Schloss Marquard, Café Berlin oder Wien, bei Schilling oder Reimann ist kaum denkbar. Das »größte Caféhaus Europas« hat der amerikanische Romandichter Thomas Wolfe den Kurfürstendamm genannt. Und dieser hat sich beeilt, es wieder zu werden, nachdem der Krieg so vieles von dem, was einst den Glanz dieser Straße ausmachte, zerschlagen hatte.

Hat der Berliner Kurfürstendamm Pflaster unter den Füßen, dann fühlt er sich beschwingt. Diese Straße hat ihre besondere Atmosphäre. Sie geht ins Blut und animiert. Das bekommen Einwohner wie Gäste zu spüren. Als Ernst Deutsch, der lange in Berlin gelebt hat und hier seinen Ruhm als Schauspieler begründete, aus der Emigration zurückkehren und in Berlin Quartier nehmen wollte, fragten Freunde, wo er am liebsten wohnen möchte. Er schrieb zurück: »Auf dem Kurfürstendamm!« – »auf« und nicht »am«, und so war es auch gemeint. Er hätte nichts dagegen gehabt, wenn man ihm ein Bett auf dem Kurfürstendamm angeboten hätte, denn da war für ihn das volle Leben Berlins, zu dem es ihn hinzog.

Am Kurfürstendamm liegen die jüngsten Theater Berlins, in denen die Großen der deutschen Schauspielkunst die Gestalten der internationalen Dichtung verkörpern. Hier liegen die Premierenkinos, in denen die Spitzenfilme der deutschen und ausländischen Produktion über die Leinwand laufen. Hier gibt es alles, was der Stadtmensch sich nur wünschen kann, in kostbarer und billiger Ausführung.

Hier manifestiert sich das neue Berlin in vielerlei Erscheinungen. Eine davon sind die kleinen überdachten Terrassen vor den Kaffeehäusern und Restaurants. Früher gab es so etwas nicht in Berlin. Nach dem Gesetz dürfen sie nur vom 15. April bis zum 15. Oktober benutzt werden. Nachdem aber die moderne Infrarot-Heizung dem Winter ein Schnippchen schlägt, die Jahreszeiten sich außerdem verschoben haben und am Kurfürstendamm auch im Januar zuweilen Frühling ist, baut man die beim Publikum beliebten Vorgärten gelegentlich auch in der kühlen Jahreszeit wieder auf. Die Behörde drückt ein Auge zu, und die Berliner sitzen wieder im Freien und blicken auf das Schauspiel, das vor ihren Augen abrollt. Gefährlich sind die Plätze in den Vorgärten – besonders die an der »Rampe« während der Filmfestspielwochen für die Prominenz von der Leinwand. Der Sturm der autogrammwütigen Teenager beiderlei Geschlechts geht über sie hinweg wie ein Schwarm von Blutsaugern.

Der Krieg hat den Kurfürstendamm von vielen architektonischen Scheußlichkeiten aus den Gründerjahren befreit. Was die Bomben davon übrig ließen, das hat man mit rücksichtslosem Meißel geglättet. In die Brandlücken hinein hat man Hochhäuser mit schmucklosen Fassaden gesetzt, eine sinnvolle Zweckarchitektur, die schön ist durch ihre monumentale Wucht und Ruhe. Aus der »Palaststraße des Maurermeisters« wird so allmählich eine Avenue der modernen Architekten.

Zwischen den wieder fast völlig geschlossenen Fronten flutet unablässig der Verkehr. Er hat zwar seine Gezeiten, aber es ist nur ein Auf und Ab der Dichte. Wo vor fünfzig Jahren ein Dampfbähnchen nach Halensee hinaus zuckelte, dann die Pferdebahn

Werbung für einen Weltraumfilm auf dem Kurfürstendamm, Februar 1951.

auf ihren Schienen rollte und später sich in die Elektrische verwandelte, da winden sich heute die cremefarbenen Busse durch das Gedränge der Autos, die hier in den Hauptverkehrsstunden kaum noch einen Parkplatz finden.

Wenn der »Kurfürstendamm« heute auch eher schlafen geht als früher und die Lichtreklamen nur den Heimweg weniger Nachtbummler beleuchten, ist er doch von alter Wachheit und sprüht vom Leben einer Stadt, die niemals müde wird. Die nachtstille Straße täuscht. In Westberlin ist immer etwas los, tagt immer ein Kongress, hat irgendeine Industrie eine große Veranstaltung oder führt eine Ausstellung Tausende von Besuchern zusammen. Dann sind die Nachtlokale übervoll. Spätkommenden kann auch der wohlwollendste Portier nicht mehr zu einem bescheidenen Winkelplätzchen verhelfen.

Der Kurfürstendamm ist das Schaufenster Westberlins – heute wieder wie vor zwei Jahrzehnten. Und auf Schau ist alles eingestellt. Wer hier flaniert, will sehen und gesehen werden, will, eingeknöpft in den Mantel der Anonymität, Kontakt gewinnen mit den Mitmenschen, sucht die Nachbarlichkeit der Unbekannten, die mit ihm dieselbe Luft atmen und denselben Asphalt treten.

Heute wie einst ist der Kurfürstendamm mehr als eine weltstädtische Kulisse. Wenn seine Nächte auch etwas stiller sind als vor Jahrzehnten, seine Tage sind darum nicht weniger lebhaft und wach. Und überall wächst an ihm die neue Zeit mit vielstöckigen Bauten in den Berliner Himmel, in die Zukunft Berlins.

»Freudenstadt« an der Spree

Vieles, was der Krieg zerstörte, hat Berlin wieder geschaffen. Auch für das Vergnügen von Einwohnern und Gästen ist manches geschehen. Aber noch klaffen Lücken in der »Freudenstadt« an der Spree. Die Vergnügungsindustrie hat ihren früheren Stand noch nicht wieder erreicht, denn Berlin ist nicht in gleichem Umfang wie einst Zentrum des Fremdenverkehrs. Westberlin hat kein Operettentheater und kein Varieté. Die vertraute Leuchtschrift über den Häusergiebeln »… und abends in die Scala« ist verschwunden. Das weltbekannte Haus der internationalen Artistik an der Lutherstraße ist ein Trümmerhaufen. Das Metropoltheater mit seinen einstigen großen Premieren liegt im Ostsektor.

Von den Theatern im neuen Westen sind nur acht erhalten geblieben. Die leichte Muse ist obdachlos. Sie appelliert zwar ständig an das Gewissen des Senators, der die Kunst zu verwalten hat, und bewegt ihn zu halben Zugeständnissen, aber der Finanzsenator hält die Hände auf den Taschen. Er meint, was die leichte Muse ihren Verehrern zu bieten hat, gehöre nicht zu den Dingen, die subventioniert werden müssen. Und dieser Standpunkt ist nicht unbedingt zu missbilligen.

Vor Jahren hat ein optimistischer Unternehmer sogar schon einmal den Grundstein zu einem Operettentheater gelegt. Als er das betreffende Grundstück dann doch nicht bekam, packte er den Grundstein auf einen fahrbaren Untersatz. Noch ein paarmal unternahm er den Versuch, seinem transportablen Grundstein eine stabile Unterlage zu geben. Jedes Mal scheiterte das Unternehmen an der schlechten Finanzlage der Stadt, die ihm keine Beihilfe leisten konnte. Und bitter bedauerten das die vielen Sänger, Musiker und Artisten, die untätig dasitzen und auf die

Gelegenheit warten, wieder auftreten zu können. In Westberlin können sie nicht, in Ostberlin wollen sie nicht. So müssen sie denn von ihrer bescheidenen Unterstützung leben und darauf hoffen, dass wenigstens die Kunstämter der Bezirke sie gelegentlich bei ihren Veranstaltungen für Arbeitslose und Sozialrentner beschäftigen.

Schnell zu Ruhm und Ansehen gekommen ist nach dem Zusammenbruch in Westberlin das Kabarett »Die Stachelschweine«. Als die Zeit vorbei war, da der Maulkorbzwang den Spöttergeist zum Schweigen verurteilte, meldete sich eine junge Garde von Kabarettisten, die glücklich waren, sagen zu dürfen, was sie dachten, und glossieren zu können, was ihnen missfiel. Das kleine Ensemble etablierte sich nahe der Gedächtniskirche in einer Ruine, deren Erdgeschoss regendicht war. Als Eintrittsgeld forderte man einen Hosenknopf und servierte dafür ein Programm, das an Güte und Schärfe nichts zu wünschen übrigließ. Das Lokal musste wegen Baufälligkeit abgerissen werden. Die »Stachelschweine« übersiedelten in die nahe Rankestraße. Dort schart sich ein Publikum um sie, auf das sie sich verlassen können, das auf jede ihrer Pointen reagiert. Das kleine Team auf dem Nudelbrett von Bühne ist von echtem satirischem Geist besessen. Ihre Berliner Anhängerschaft ist so groß, dass die »Stachelschweine« ihr fünfjähriges Bestehen im Sportpalast feiern mussten. Siebentausend Besucher füllten die weite Halle. Einige Tausend mussten an der Kasse zurückgewiesen werden.

Zu ironischen Chronisten und satirischen Widerstandskämpfern entwickelten sich Günter Neumanns »Insulaner«. Ihre aktuellen Texte werden durch Westberliner Radiowellen verbreitet und erreichen viele tausend Hörerohren in West und Ost. Sie »veräppeln das Strammstehen und anderes Tamtam und pieken in faule Stellen«, sie »schlagen mit Pritschen zuweilen Alarm«,

Aufführung im Ostberliner Kabarett »Die Distel«, 4. Mai 1956.

sie »nehmen lächelnd die Zeit auf den Arm«, und sie sind wirklich ein echt berlinisches Gewächs.

In Ostberlin hat man sein eigenes Kabarett, und nicht nur eins, sondern gleich mehrere. Nicht, weil der Humor dort so wuchert, sondern weil man hofft, ihn als harmlose Verpackung für Propaganda verwenden zu können. Vor ein paar Jahren wurde das Kabarett »Die Distel« gegründet. Die Mitglieder bekamen als Leitspruch ein paar Sentenzen Walter Ulbrichts auf den Weg: »Ich habe gar nichts dagegen, dass unsere Genossen lachen. Lachen ist gesund. Aber wenn sie bei den Lektionen der Partei lachen, dann dürfen sie nur die Zurückgebliebenen auslachen, die die große Lehre des Marxismus nicht begriffen haben. Es gibt für uns ein positives und ein negatives Lachen; wir entwickeln das positive!« Mit eingeplantem Humor also begann die »Distel«. Aber sie kam nicht weit. Sie hatte wohl doch die Lehre des spitzbärtigen Machthabers nicht richtig verstanden oder nicht auszuwerten gewusst. Bei der »Zensuraufführung«, die von den sowjetzonalen Behörden zwischen Generalprobe und Premiere eingeschaltet wird, wurden die besten Szenen herausgenommen, weil sie politisch bedenklich erschienen. Das Rundfunk- und Fernsehkabarett »Der Scheibenwischer« ist vorsichtiger. Es setzt sich erst gar nicht der Kritik der Partei aus und strahlt deshalb seine Harmlosigkeiten unangefochten in den Äther. Die gute Absicht, Kabarett mit Weltniveau zu machen, missglückte einigen Darstellern und Autoren, die im Untergeschoss des Friedrichstadt-Palastes ihr »Brettl« eröffneten. Aber auch das neue »Brettl« scheiterte an der Humorfeindlichkeit seiner Protektoren. Drei Monate gelang es den kühnen Leutchen, der Zensur zu entschlüpfen. Doch dann häuften sich die Verbote, die Subventionen wurden gestrichen, das »Brettl« musste kapitulieren. Es vegetiert mit umgehängtem Maulkorb weiter und produziert, was man ihm zu sagen und anzudeuten erlaubt. Und das ist todsicher keine Satire.

Wenn den Westberlinern der Sinn nicht nach politischem Bitterwasser steht, dann fahren sie nach Gatow an der Havel. Dort hat im »Haus am See« der Urberliner Erich Carow, der früher am Weinbergsweg im Osten seine berühmte »Lachbühne« besaß, ein Zwischending von Kabarett und Varieté, ein Nachtlokal mit Tanzdiele, eröffnet. Die Berliner freuten sich, ihren Erich wiederzusehen, und scheuten nicht den weiten Weg. Doch Erich, der stets versicherte: »Ick habe immer nur jeackert!« spielte nur noch die Rolle des Gastronomen, und ein paar Monate nach der Eröffnung starb er. Aber die Berliner halten seinem Unternehmen die Treue, und im »Haus am See« ist immer Betrieb.

Was früher unter der Devise »Berlin bei Nacht« stand und dem in alle Welt hinausgeschickten Werbeslogan »Jeder einmal in Berlin« einen besonderen Akzent verlieh, das gibt es nicht mehr so wie damals, als die Zeiten besser und die Menschen sorgloser waren. In den Seitenstraßen des Kurfürstendamms signalisieren zahlreiche Lichtreklamen, dass hier ein Nachtlokal mancherlei von dem zu bieten hat, was Vergnügungssüchtige suchen. Man arbeitet mit attraktiven Namen.

»San Franzisko« lockt mit Pariser Nachtleben, »Ali-Bar« verspricht eine reizvolle Geselligkeit mit Tanz, »Ciro« bezeichnet sich als internationaler Treffpunkt, »Kelch« ist die Bar des kultivierten Chansons, »Weigelts Insel« das Künstlerlokal, das »Goldene Hufeisen« präsentiert ein Hippodrom, »Masurka« preist seine russische Küche an, »Eva« seine besondere Atmosphäre. Das »Nacht-Asyl« beglückt den Gast mit »schönen Frauen« zum Tanz, »Hajo« macht »Badewanne« und »Eierschale« Konkurrenz mit Hot-Jazz, »Cherchez la femme« hängt die Fotos seiner reizvoll dekolletierten Künstlerinnen neben die Tür. Tanzkabarett mit »Original Pariser Revue« ist »Remdes St. Pauli«, wo man beim Studium der weiblichen Anatomie durch keine störende Bekleidung behindert wird. Und so geht es weiter. So etwas wie das frühere weltstädtische Nachtleben ist es noch nicht ganz, wird es aber sicher noch werden.

Die Berliner Bohème, von der früher ein paar bekannte Künstlerlokale zwar nicht lebten, aber doch existierten, ist stark dezimiert. Es gibt keine Miniaturmäzene mehr, die um eine Tasse Kaffee oder eine Schinkenstulle anzuschnorren sich immer lohnte. Es gibt sie ebenso wenig wie die großen Mäzene, die Kunstwerke freigebig mit einem dicken Scheck honorierten. Was an Bohème übriggeblieben ist, geht zur Wisokü und holt sich seine Unterstützung ab, malt ein paar Bilder auf gepumpte Leinwand und ist glücklich, wenn der Senat hie und da eins davon kauft und in irgendeinem Amtszimmer aufhängt. Die Berliner Bohème von einst ist tot.

Berliner wohnen am liebsten im Grünen

Die Westberliner Ruinenlandschaft verwandelt sich immer mehr in bewohnbaren und bewohnten Raum. Die Millionen, die mit offenen Händen auf den Trümmerstätten ausgesät wurden, sind auf fruchtbaren Boden gefallen. Unter den Händen der senatlichen Pflanzer sind sie in Form von Wohnhäusern mächtig ins Kraut geschossen.

Auf den Bauplätzen recken die Kräne ihre stählernen Giraffenhälse; die grobzähnigen Kiefer der Erdbagger schlagen sich in den

Boden; Gerüste wachsen, und schneller fast, als man es registrieren kann, steigen aus den Fundamenten die Hochhäuser empor, in denen Familien wohnen, in denen Angestellte arbeiten werden. Überall schließen sich in den Straßenfronten die Lücken, die der Krieg gerissen hat. Aber auch auf bisher unberührtem Gelände wird gebaut, werden Schrebergärten und Laubenkolonien eingeebnet, um neuen Wohnsiedlungen Platz zu machen.

Mit einer Tafel und einem Bauzaun fängt es zumeist an. Auf der Tafel reckt sich der Berliner Bär, dem laut Senatsbeschluss und auf Anregung der Heraldiker seit ein paar Jahren wieder erlaubt ist, die Krallen zu zeigen und die Zunge zu blecken. (Dass Krallen und Zunge des schwarzen Bären rot sind, hat keine politische Bedeutung.) Was weiter auf dem Schild steht, ist der Hinweis, dass es sich um »Sozialen Wohnungsbau« handelt, bei dem öffentliche Mittel zur Verwendung kommen und billige Mieten gesichert sind. An andern Stellen findet man große Tafeln mit der Aufschrift: »Berlin baut in diesem Jahre wieder 20 000 Wohnungen«, und irgendwo in einer Ecke ist der Berliner Bär von den Fahnen der Bundesrepublik und der USA flankiert, die beide Helfer beim Aufbau sind.

Nie wieder sollen die in Schutt und Asche gesunkenen Mietskasernen mit ihren engen finsteren Höfen und lichtlosen Hinterhäusern, die Berlin in den Ruf einer steinernen Wüste brachten, erstehen und Menschen zusammengepfercht darin leben. Man verzichtet auf geschlossene Fronten, stellt die Häuser so, dass so viel Licht wie möglich durch die Fenster hereinströmen kann, bedeckt die vorgeschriebenen Zwischenräume mit Grünflächen und Strauchwerk und macht auch in den dichtbesiedelten Vierteln das Wohnen angenehm.

Man hat die Berliner gefragt, wie sie wohnen möchten, ob in luftigen Hochhäusern mit vielen Stockwerken oder lieber in kleinen Häusern mit wenig Nachbarn. Die Hälfte entschied sich für das erstere, und das Hochhaus am Roseneck, das höchste Wohnhaus Deutschlands, war im Handumdrehen vermietet; die andere Hälfte lehnte es ab, dauernd in einem Aussichtsturm mit Fernblick zu sitzen. Sie wollte nicht so hoch hinaus, sondern auch in dieser Beziehung immer »schön auf dem Teppich bleiben«.

Viele Berliner ziehen noch heute die gute alte Wohnweise in bescheidenen Kleinhäusern allen anderen Formen der Hausgemeinschaft vor und möchten möglichst weit draußen im Grünen wohnen. Deshalb sieht man auch in den Außenbezirken zwischen Neubauten ländliche Wohnhäuser mit nur einem Stockwerk in großer Anzahl. Die gesunden Wünsche werden von den Baugesellschaften, soweit sie es können, respektiert. Mehr und mehr setzt sich die Tendenz durch, Hochhäuser innerhalb der Stadt und an den verkehrsreichen Straßen nur für Büros und Betriebe zu bauen, und auch da im Wechsel mit weniger hohen Bauten, um kein starres Stadtbild entstehen zu lassen. Die meisten dieser Hochhäuser sehen aus wie hochkant gestellte Wabenrahmen.

Der Individualismus vieler Berliner bekundet sich deutlich in der Neigung jener Mitbürger, die sich vor der Überflutung durch das steinerne Meer in die Laubenkolonien flüchteten, die am Rande der Stadt aus dem Boden schossen wie die Pilze. Von den Behörden wurden sie stets als ein »Chaos wilder menschlicher Siedlungen« mit Misstrauen und Unwillen betrachtet. Aber sie waren und sind noch immer eine typische Berliner Erscheinung. Nicht immer war es wirtschaftliche Not, die eine große soziale Schicht der Berliner Bevölkerung veranlasste, das Wohnungsproblem für sich auf diese primitive Weise zu lösen. Der Zug zum Grünen sprach wesentlich dabei mit. Viele Familienväter nehmen gern den weiten Weg zu ihrer Arbeitsstätte in Kauf, wenn sie nicht nur billig hausen können, sondern auch ein Stückchen Land vor

Richtfest für ein Hochhaus in der Ernst-Reuter-Siedlung, 1954.

Berliner wohnen am liebsten im Grünen

der Tür haben, ein Gärtchen, in dem sich etwas Gemüse, Obst und Blumen ziehen und vielleicht ein paar Hühner und Karnickel halten lassen.

Von diesem Prinzip gingen die Baugenossenschaften aus, die ihre Siedlungsbauten auf billigem Terrain an der Peripherie der Stadt errichteten und Berlin mit einem Ring von modernen Wohneubauten umgaben, von denen verschiedene in ihrer mustergültigen Anlage sehenswert sind. Auf dem ehemaligen Laubengelände des nördlichen Charlottenburg, in nächster Nähe des Volksparks Jungfernheide, unfern der Industrieanlagen der Siemenswerke, haben Deutschlands fortschrittlichste Architekten in Gemeinschaft schon zu Beginn der dreißiger Jahre die Siedlung Siemensstadt geschaffen. Aus der gleichen Zeit stammt die unter Mitarbeit des avantgardistischen Städteplaners Bruno Taut entstandene Wohnsiedlung in der Carmen-Sylva-Straße im Bezirk Prenzlauer Berg. Tauts Entwürfe waren auch maßgebend für den Bau der inzwischen berühmt gewordenen Hufeisen-Siedlung in Britz. Erst 1954 wurde die nach Berlins unvergesslichem Oberbürgermeister benannte Ernst-Reuter-Siedlung mitten im dichtbevölkerten Wedding fertig. Ihr Zentrum ist ein fünfzehnstöckiges Hochhaus, um das, durch gärtnerische Anlagen getrennt, sich fünfstöckige Bauten gruppieren. Die neuen, niedrig gehaltenen Wohnhäuser am Schillerpark in Wedding demonstrieren einen völlig andern Typ. Sie öffnen sich mit breiten Galerien direkt in die Gärten, während in Eichkamp und Klein-Machnow Einfamilienhäuser in ländlichem Stil zu kleinen Kolonien zusammengefasst sind.

Im großen Freigelände, wie es überall in den Randgebieten im Überfluss vorhanden ist, entstehen jetzt Großsiedlungen, die ihrer ganzen Anlage nach als soziale Gemeinschaftswesen betrachtet werden können. Es sind Kleinstädte innerhalb der Großstadt, wie sie nur im Rahmen einer Metropole vom Ausmaß Berlins möglich sind.

Völlig unberührt ist das Gelände südlich des Volksparks Jungfernheide. 640 000 Quadratmeter groß, war es bisher ein Paradies für Hasen und Kaninchen. Auch dort rollen schon auf ihren breiten Raupenbändern die Bagger an und fangen die Betonmischmaschinen an zu trommeln. 3 200 Wohnungen werden hier gebaut. 60 Millionen wird dieses bisher größte Berliner Bauprojekt kosten, für das allein Straßen von insgesamt fünf Kilometer Länge nötig sind. Dass es eine wirkliche kleine Stadt werden soll, erkennt man schon daran, dass die Siedlung einen Marktplatz und ein Geschäftszentrum erhält. Wer Briefmarken kaufen oder Pakete aufgeben will, kann es in einem eigenen Postamt tun. Die Gläubigen haben keinen weiten Weg, wenn sie sonntags die Predigt hören wollen, denn sie bekommen eine Kirche. Auch der Weg ins Kino ist nicht weit, und die jungen Siedlungsbürger beiderlei Geschlechts werden in einer Grund- und Oberschule unterrichtet. Zwischen den einzelnen Häusern wird es viel Grün geben mit Spielplätzen für die Kinder und Parkplätzen für die Autos.

Noch umfangreicher ist das Vorhaben zweier Wohnbaugesellschaften, das sich auf einem beinahe eine Million Quadratmeter großen Gelände an die Britzer Hufeisen-Siedlung anschließen und in idealer Weise die Sehnsucht des Berliners nach grüner Umgebung erfüllen soll.

Die Verschiedenheit der Bauweise lässt erkennen, dass die Architekten sich dem persönlichen Geschmack der Berliner anzupassen versuchen. An der Spree gilt wie an der Themse das Wort: »My home is my castle.«

Was aber Berlin allen andern Metropolen Europas voraushaben wird, ist die künftige Modellstadt im Hansaviertel. Bis auf wenige Häuser wurde dieser in die westlichen Ausläufer des

Tiergartens hineinragende Stadtteil durch den Feuerregen einer Novembernacht des Jahres 1943 völlig vernichtet. Das Ruinenfeld ist ausersehen, im Sommer 1957 die Interbau, die große Internationale Bauausstellung, aufzunehmen, bei der die Entwürfe von Architekten aus aller Welt nicht in kleinen Modellen, sondern in Originalausführung zu sehen sind.

Überall wachsen die Betonmauern aus den Fundamenten empor, um sich zum modernsten Stadtteil der Welt zusammenzufügen. Jeder der Architekten bringt zwar den Baustil seines Landes zum Ausdruck, aber das gemeinsame Prinzip, dem die zeitgenössische Baukunst aller Nationen in ihren Grundzügen folgt, gibt der Vielzahl der Bauwerke doch eine einheitliche Note.

Hochhäuser, Flachbauten, ein geschwungener Rundbau von Meister Gropius, dem Gründer des »Bauhauses«, ein siebzehnstöckiges Junggesellenheim der Berliner Architekten Müller-Rehm und Siegmann, das sechsundzwanzigstöckige »Haus der freien Berufe« nach dem Entwurf des Italieners Baldessari mit 160 Wohnungen für Ärzte und Rechtsanwälte, ein sechzehnstöckiges Luxuswohnhaus der Franzosen Eugène Beaudouin und Raymond Lopez, ferner Bauwerke des Brasilianers Oscar Niemeyer, der Dänen Jacobsen und Kay-Fisker, des Engländers Yorke, der Holländer van den Broek und Bakema, des israelischen Architekten Alexander Klein, des Österreichers Schuster, der Schweden Jaenecke und Samuelson, des Schweizers Otto H. Senn, des Finnen Erio Saarinen und bedeutender deutscher Baumeister prägen über die Sensation des Augenblicks hinaus das bauliche Gesicht des neuen Berlins in diesem Bezirk.

Der große französische Architekt Le Corbusier baut anlässlich der Bauausstellung zwar nicht im Hansaviertel, sondern auf dem sogenannten Heilsberger Dreieck im Grunewald ein Wohnhaus nach dem Prinzip der »Cité Radieuse« von Marseille. Auch die

City rund um den Bahnhof Zoo und die Ruine der Gedächtniskirche haben sich in neuer Gestalt aus den Trümmern erhoben. Ein Bautenkomplex, der die Parkanlagen und Tiergehege des Zoologischen Gartens gegen den lauten Betrieb des lebhaften Geschäfts- und Vergnügungszentrums abschirmt, fasziniert das Auge durch seine entsprechenden architektonischen Formen. Bis ans Ufer des Landwehrkanals ziehen sich die variierten Fronten der Neubauten, die durch zwei Akzente betont sind. Gegenüber dem Bahnhof Zoo steigt die Fassade eines sechzehngeschossigen Stahlbetonkolosses, auf Säulen ruhend, mit einem freischwebenden Glas-Café in der als »Luftgeschoss« gestalteten ersten Etage empor. An der Cornelius-Brücke wird später das Massiv des neuen Hilton-Hotels den Abschluss bilden.

Unterbrochen ist diese lange Front durch ein Neunetagenhaus. Ein vierstöckiger Garagenbau nimmt 500 Autos auf, zwei Kinos mit Raum für 400 und 1 200 Personen sind übereinander geschachtelt und ersetzen den Ufa-Palast, der an dieser Stelle stand. Die Spiegelscheiben von zwanzig Läden glitzern an der gestreckten Fassade des Langbaus mit überdachten Kolonnaden, in dessen oberen Stockwerken vorwiegend die Damenmode-Industrie ihre Arbeitsstätten etabliert hat.

Ein bauliches Kuriosum in Zoo-Nähe ist das neue Kaufhaus Ecke Joachimstaler- und Kantstraße. Die Fassaden des 45 000 Kubikmeter umfassenden Innenraums haben keine Fenster. Das Innere wird durch Neonröhren von zwei Kilometer Länge und 1 500 Glühlampen beleuchtet. Das kastenförmige Gebäude mit der Kuppel, die das Massiv leicht überhöht, erinnert in seiner Form an orientalische Gebetsstätten, und so haben die Berliner ihm schnell den Spitznamen »Moschee am Zoo« verliehen.

Da man die Struktur der Stadt nicht grundlegend verändern und ihr keinen neuen Bauriss geben kann, denn der Abriss noch

Das neue Zentrum am Zoo an der Hardenbergstraße, um 1957.

Berliner wohnen am liebsten im Grünen

verwendbarer Bauten zur Verwirklichung eines neuen Stadtplans wäre unverantwortlicher Luxus, so wird Berlin noch nicht in allen Teilen eine Stadt der Zukunft sein. Doch auch in diesem Falle gilt das Wort, dass »alles fließt«. Auch hier erfüllt sich das Schicksal Berlins, »niemals zu sein, immer zu werden«.

Im Grunewald ist Holzauktion

Die Berliner sind nie ein Volk der Straße gewesen. Sie lieben dennoch das Freie. Sie lieben es, ein Stück grüner oder blumenbewachsener Erde unter den Füßen zu haben. Und vor allem lieben sie die Bäume. Mit dieser Liebe hängt es zusammen, dass über den ganzen Raum von Groß-Berlin eine Unzahl öffentlicher Gärten jeder Größe und riesige Parkanlagen verstreut sind. Rechnet man sie alle zusammen, dann kommen viele Quadratkilometer heraus, jedenfalls ein erheblicher Teil von den 884 Quadratkilometern Bodenfläche, die Berlin einnimmt.

Das alte Berlin, das noch in Befestigungswerke eingeschnürt war und sich auf engem Raum zusammendrängen musste, hatte dicht vor den Toren den Tiergarten. Das war ein bescheidener Name für einen so prächtigen Wald. Man konnte ihn geradezu königlich nennen, nicht nur, weil er dem König gehörte. Ungehindert durften sich die Bürger darin bewegen, und sie machten von diesem Rechte ausgiebigen Gebrauch.

Doch auch der neuzeitliche Lebensrhythmus änderte nichts an der Liebe der Berliner zu ihrem Tiergarten, und als in einer wilden Bombennacht die von Novemberwinden noch nicht ganz entlaubten Bäume wie Fackeln dastanden und langsam knisternd zu schwarzen Gerippen verkohlten, war in der ganzen Stadt große Trauer. Was in der Nacht eine Hölle gewesen war, sah im trüben Morgen aus wie eine wüste Mondlandschaft. Überall kokelten die Baumstümpfe noch. Rauch schleierte über dem trostlosen Gelände, einer Landschaft der Hoffnungslosigkeit inmitten einer sterbenden Stadt.

Mit Missvergnügen sahen die Berliner, dass der zerstörte Tiergarten, in dem die Natur selbst sich vergebens bemühte, den narbenreichen und zerwühlten Boden wieder mit Grün zu bedecken, jahrelang verwahrlost dalag, ein Paradies für Kaninchen und Feldmäuse, ein Versteck für unheimliches Gesindel. Aber es gab dringlichere Aufgaben für die Stadtväter, bevor sie daran denken konnten, den Tiergarten in alter Schönheit wieder erstehen zu lassen. Dazu gehörte außerdem mehr als guter Wille und die notwendigen Gelder. Auch die Zeit musste mithelfen. Die Natur lässt sich nicht antreiben.

Die Unmutsfalte schwand, die Augen blickten heller, als es nach Jahren endlich hieß, der alte Tiergarten werde in das Aufbauprogramm aufgenommen, durch das Berlin schöner werden sollte als zuvor. Und dann rückten eines Tages die Gärtner und ihre Helfer an. Sie rodeten den Wildwuchs und pflanzten Neues.

Bald zeigte sich, dass der Tiergarten in der ganzen Welt bekannt war und überall Freunde hatte. Westdeutsche Städte schickten junge Bäume, damit sie mit dem neuen Berlin wachsen sollten. Als eine schöne Geste der Versöhnung und sichtbares Bekenntnis zu einer Zukunft des friedlichen Zusammenlebens der Völker schenkte Englands König Georg VI. der Stadt für den Tiergarten eine ganze Anzahl seltener Bäume und Sträucher aus seinen Schlossgärten. Eine Fülle kostbarer Rosensorten, die in seinen Treibhäusern gezüchtet worden waren, befand sich darunter. Mit dieser Freundschaftsgabe aus dem Inselreich legte man einen »Englischen Garten« an, der in kurzer Zeit zum Lieblingsplatz vieler Berliner geworden ist. Ein schlichtes »Teehaus« mit einem Dach aus Schilf passt sich dem Gelände an und spiegelt sich in einem kleinen Weiher, dem zuweilen auch die zahlreichen Möwen vom Landwehrkanal einen Besuch abstatten. »Garten Eden« nennen die Berliner dies schöne Fleckchen in ländlicher Abgeschiedenheit, wenn Sir Anthony auch wenig damit zu tun hat.

Eine Million Bäume, Sträucher und Gewächse sind in sechs Jahren gepflanzt worden. Am Großen Stern setzte Oberbürgermeister Ernst Reuter 1949 mit eigener Hand die erste Linde. Der Frühling hat wieder alle Hände voll zu tun, um diesen Reichtum zum Grünen und Blühen zu bringen. An den Wegen stehen wieder mehr als vierhundert Bänke zum Ausruhen für die Spaziergänger und zum »Pennen« für die Liebhaber warmer Sommernächte, die allerdings in Berlin ziemlich selten sind. Am Neuen See gibt es wieder das einst so beliebte und einladende Gasthaus, auf dessen Gartenterrassen sich die Stille genießen lässt.

Der französische Dichter Jean Giraudoux hat einmal geschrieben: »Berlin ist keine Gartenstadt, Berlin ist ein Garten!« Das war vor einem Vierteljahrhundert. In der Zwischenzeit hat sich Berlin noch mehr Mühe gegeben, sich dieser Aussage würdig zu erweisen. Es hat sich mit noch mehr Grün geschmückt und den Wald in seine Mauern hineingezogen.

Wie der Tiergarten, wenn er wieder ausgewachsen ist, kein Garten ist, so ist der Grunewald kein Wald, sondern ein Forst. In seiner schönen Regellosigkeit kann der Wanderer sich wunderbar verlieren. Niemand zwingt ihn, sittsam auf den kreuz und quer laufenden Wegen zu bleiben. Nach Lust und Laune kann er durch die Büsche streifen und sich an den Ufern der Seen und Gewässer ins Gras werfen, um das Spiel der Lichter auf dem Wasser zu betrachten.

Nicht einmal der Krieg hat dem Grunewald in seinen tieferen Revieren viel anhaben können, wenn auch zahlreiche Bäume bei den Kämpfen um die Stadt schwere Wunden davontrugen. Später kamen frierende Bürger mit Sägen und Äxten, um mit oder auch ohne behördliche Genehmigung Bäume zu fällen, denn der Winter war bitter und die Kohle knapp, die Öfen hungerten nach Feuerung, und bei leerem Magen war die mörderische Kälte unerträglich.

Die Not kannte kein Gebot, und wenn auch die Liebe zur Natur in diesen schlimmen Zeiten auf eine harte Probe gestellt wurde, nie kam sie den Berlinern abhanden. Sie dachten, der Wald werde ihr Elend verstehen und ihnen ihre Schandtat verzeihen. Sie hofften, er werde seine Wunden bald mit neuem Wachstum bedecken. Und der Wald enttäuschte sie nicht.

Es ist heute schon wieder wie einst, als die Berliner nach der Schlagermelodie »Im Grunewald, im Grunewald is Holzauktion, is Holzauktion« ihren Schieber tanzten und der Grunewald noch eine schöne Strecke weiter draußen lag. Heute fahren Straßenbahnen und Autobusse bis an seinen Rand, und es macht keine Mühe mehr, ihn zu erreichen.

Zur Poesie eines Berliner Sonntagsausflugs ins Grüne gehört die Stulle. Obwohl es heutzutage überall einladende Biergärten gibt und, wo sie fehlen, kleine Buden mit ein paar Tischen und Stühlen drum herum, wo heiße Würstchen, Bier, Kaffee, Coca-Cola und andere Getränke zu bekommen sind, ist der echte Berliner der Stulle treugeblieben.

Kein Ausflug ohne Stulle, keine Stulle ohne Stullenpapier. Es ist teils weiß, teils bedruckt. Das bedruckte verrät vielfach die politische Einstellung des Stullenessers, denn er verwendet das Papier seines Leibblattes; Parteilose benutzen zum Einwickeln gegenwärtig eine Bildzeitung oder ein Boulevardblatt. Außer zur Verpackung dient das Stullenpapier zur Ausschmückung des Grunewalds. Wenn die Ausflügler den Heimweg angetreten haben und in Scharen wieder den Endhaltestellen der BVG und der Stadt zustreben, dann schimmern in der Dämmerung die hellen Stullenpapiere, »Märkisches Edelweiß« nennen es die Spötter. Am Montag wird der Wald immer wieder gesäubert. Die Forstverwaltung ist auf Ordnung und Reinlichkeit bedacht. Sie hat auch an vielen Stellen Drahtkörbe für Abfälle und Unrat aufgestellt. Aber die Berliner scheuen sich, die sauberen Körbe zu verunzieren.

Einmalig – wie das Berliner Stullenpapier – aber ist auch der sonntägliche Aufbruch der Berliner, die große Wanderung, von der ein ganzes Stadtvolk erfasst wird.

»Schnell noch einmal um die Wette steigen sie auf die Klosette, und dann, mit befreiter Seele, geht es auf nach Hundekehle ...« So oder ähnlich dichtete vor einigen Jahrzehnten Alfred Kerr. Man sieht bei seinen Versen ein Gewimmel Zillescher Typen sich zum Ausflug rüsten. Voran Vater in Hemdsärmeln mit dem Rock am geschulterten Spazierstock, dann Muttern mit Hut schief auf der »Portierszwiebel«, wie hierorts der Dutt genannt wird, an einem Arm den Beutel mit den Stullenpaketen und an der andern Hand die Älteste, anschließend wie Orgelpfeifen die übrigen »Jöhren«. Das Bild hat sich inzwischen geändert. Die Zille-Figuren haben sich gemausert und ein völlig anderes Aussehen angenommen. Sie haben sich verbürgerlicht, wenn auch der Kern der alte geblieben ist.

Treffpunkt der Grunewald-Ausflügler ist an Sonntagen der Grunewaldsee mit seinen sandigen Ufern. Da tummeln sich Männlein und Weiblein aller Altersklassen. Zwischen schlanken Mädchenfiguren im Bikini aalen sich vollschlanke höhere Jahr-

Berlinerinnen beim sonntäglichen Dampferausflug, Mai 1949

Im Grunewald ist Holzauktion

gänge in rosa oder blauen Charmeuse-Unterkleidern. Alte Knaben sonnen ihre angegrauten Stachelbeerbeine, und die mitgebrachten Hunde aller Rassen und Mischungen schnüffeln um die Bäume herum. Sie sind nur ein Teil von den 85 000, die in Westberlin amtlich geführt werden, während schätzungsweise weitere 40 000 keinen Wert darauf legen, sich mit einer Hundemarke zu schmücken, und ihrem Herrchen helfen, die Hundesteuer zu ersparen, die den Finanzämtern ohnedies jährlich 6 Millionen einbringt.

Am Berliner Ausflugsbetrieb hat sich zwischen der Jahrhundertwende und heute nicht viel geändert, bis auf die nun schon jahrelange hermetische Abriegelung Westberlins von seinen wasser- und waldreichen Randgebieten in der Mark. Doch auch in der räumlichen Beschränkung beweist der Berliner seine Meisterschaft in der Kunst, das Leben zu genießen und jedem Ding seine beste Seite abzugewinnen. An solchen sommerlichen Ausflugstagen liegen die großen Geschäftsstraßen, liegen die »Tauentzien« und der »Ku-Damm« bis gegen Abend still und verwaist. Parkplätze in den Straßen braucht der Automobilist dann nicht lange zu suchen. Auch in den Vorgärten der Cafés und Restaurants gibt es oft mehr Stühle als Gäste. An den Kinokassen sieht man kein Gedränge, und die schönste exotische Landschaft in Technicolor auf Breitwand lockt weniger als die bescheidene märkische Natur, in der es so schön nach Harz riecht.

Noch immer lieben die Berliner jene vertrauten Gartenlokale, die unter alten Bäumen oder am Wasser liegen, an deren Eingangspforte früher der an den sparsamen Sinn der Ausflügler appellierende Anschlag zu lesen war: »Hier können Familien Kaffee kochen!« Mutter ließ sich dort nach alter Sitte den mitgebrachten Kaffee aufbrühen, immer in geheimer Sorge, dass man ihr auch das volle Maß nicht verkürze. Das benötigte Geschirr stellte für wenig Geld der Wirt, und die um den Tisch versammelte Familie genoss den selbstgebackenen Streuselkuchen. Noch immer sieht man hie und da statt der modernen Gartenmöbel die alten Tische aus gehobelten ungestrichenen Fichtenbrettern, auf in die Erde eingepflockten Stützen festgenagelt, mit langen Bänken an beiden Seiten, roh gezimmert, aber solide und billig. Auch der nette Brauch, die gemahlenen Bohnen von daheim mitzubringen, weil man die Güte des fremden Gebräus beargwöhnt, ist noch nicht ganz ausgestorben, obwohl er ein Überbleibsel aus kleinstädtischer Vergangenheit und bürgerlicher Kleinkrämerei ist. In solchen Biergärten und Gartenlokalen sieht man auch mehr als anderswo den typischen Altberliner Labetrunk, die berühmte »Weiße mit Schuss«, die so erfrischend durch die Kehle rinnt.

Hie und da gibt es dicht neben solchen Ausflugspunkten auch gleich einen Rummelplatz mit viel Lärm und Gedudel, mit Karussells, Schiffsschaukeln und Schießbuden – wie früher an der Woltersdorfer Schleuse im Osten, wo man schon kilometerweit vernahm, dass man sich des »Volkes wahrem Himmel« näherte.

Ein Fest der lauten Freude, zu der die Natur die Kulissen spendet, ist der Himmelfahrtstag mit seinen Herrenpartien. An diesem Tage werden die letzten in Berlin noch aufzutreibenden vorsintflutlichen Kremser aus den Remisen geholt, und wenn sie noch so brüchig sind. Unter der kämpferischen Devise: »Los von Muttern!« geht es aus der Stadt hinaus »int Jriene«, und es dauert dann nicht lange, bis alles »blau« ist, denn der Alkohol spielt bei diesem Akt männlicher Emanzipation als Mutspender eine bedeutende Rolle. Das ungeschriebene Gesetz: »Keine Gardinenpredigt beim Nachhausekommen!« wird von der Berlinerin strikte respektiert, und die böseste Xanthippe zieht die Krallen ein. Die Männer schmücken die Fahrzeuge mit Birkenreisern, Maigrün, bunten Papierfähnchen und lustigen Girlanden. Sie pauken und blasen ganz mordsmäßig drauflos, was das Blech und das Kalbfell hergeben, und sie ziehen das Schifferklavier bis zum Zerreißen.

Die Stadt wuchs, und der Grunewald blieb, wie er war. Er war bald zu klein. Kurz entschlossen ließen die Stadtväter neue Erholungsplätze mit waldähnlichem Charakter innerhalb der Bannmeile von Berlin anlegen. Vom Tegeler Forst, dessen dichte Jagen sich zwischen Charlottenburg und Tegel bis an den See ausbreiten, nahm man ein paar Zipfel und machte daraus die Volksparks Rehwiese und Jungfernheide. Zahlreiche Überbleibsel früherer Waldgebiete reichten bis in den Raum der Stadt hinein und ließen sich als Erholungsstätten verwenden. Als »Hain« oder »Heide« dienen sie dem Vergnügen der Einwohner und sind eifrig benutzte Tummelplätze der Jugend, die in den belebten Straßen ungern gesehen ist. Promenaden der Erwachsenen, Ausruhplätzchen der Alten sind in Neukölln die Hasenheide, hinter dem Alexanderplatz der Friedrichshain, bei Johannistal liegt die Königsheide, Wuhlheide heißt das ausgedehnte Grüngelände zwischen Karlshorst, Köpenick und Oberschöneweide. Am linken Ufer der Spree erstrecken sich der schon beinah hundert Jahre alte Treptower Park und der ebenfalls von Spazierwegen durchzogene Plänterwald, der sich jenseits der Siedlung Baumschulenweg im Dauerwald der Königsheide fortsetzt.

Was der Grunewald für den Westen, das ist die Gegend um den Großen Müggelsee und um Erkner für die Ostberliner. Im Osten war die Natur immer ungezähmter und ungezügelter als im Westen. Deshalb wanderten auch viele Berliner aus den westlichen Bezirken lieber nach dort. Den weiteren Weg nahmen sie gern in Kauf, um an der Grünauer »Riviera«, in den Strandbädern am Müggelsee, auf den Müggelbergen und in den ausgedehnten Forsten des östlichen Vorlandes die holde Freiheit zu genießen.

Blick auf den Müggelsee, Juli 1953.

Im Grunewald ist Holzauktion

Verschlossen sind diese grünen Waldparadiese und ihre blauen Gewässer den Westberlinern auch heute nicht. Aber sie entschließen sich nur schwer zu einem Ausflug über die Sektorengrenze. Sie finden es drüben nicht mehr recht gemütlich. Die großen beliebten Ausflugslokale – es waren die für Berlin typischen – sind jetzt HO-Betriebe geworden und locken wenig zur Einkehr. Die Preise sind hoch, Speisen und Getränke schlechter als früher.

Dafür haben die Ostberliner aber noch immer ihre »Weiße Flotte«. So hießen früher die Vergnügungsdampfer, die sonntags die Ausflügler zu ihren am Wasser gelegenen Zielen brachten. Aus der »Weißen Flotte« der Stern-Gesellschaft hat die kommunistische Propagandazentrale eine »Friedensflotte« gemacht. Auch Westberliner dürfen für Ostmark mitfahren, aber an der Zonengrenze müssen sie aussteigen und unterwegs alles, was sie verzehren, in Westmark berappen.

Sind dem Westberliner auch die Wege für ausgiebige Landpartien ziemlich beschnitten, weiß er doch auch aus der Enge noch etwas zu machen. Wenn er nicht wie viele seinesgleichen im Freigelände mit bäuerlichem Fleiß und mit der Lust am Buddeln und am Pflanzen seinen Schrebergarten hegen und pflegen kann, dann ist es sein kleiner Balkon an der Wohnung, gleichviel ob hof- oder straßenwärts, den er sich zum Garten macht, und ist er auch nicht viel größer als ein Schwalbennest. Da verbringt er dann seine freien Stunden, liest die Zeitung, raucht seinen Knaster und fängt Blattläuse. Das »Land der landlosen Leute« hat man den Balkon des Berliners genannt. Wenn aber auch der Balkon fehlt, dann weiß sich selbst der Kellerbewohner noch Rat. Er stellt seinen Stuhl vor die Tür im Hof und ruft: »Mutter, bring ma den Jeranientopp raus! Ick möchte een bisken im Jrienen sitzen!«

Zu dem, was grünt und blüht, gehört, was kreucht und fleucht. Auch das braucht der Berliner, um sich am Leben erfreuen zu können, und auch das sucht er, wenn er ins Grüne schwärmt. Wilde Tauben gibt es in Berlin mehr als auf den Simsen von San Marco und der Piazza von Venedig. Über den Wassern der Spree und der Havel und um die Brücken des Landwehrkanals streichen in schreienden Scharen zu allen Jahreszeiten die Möwen als echte Berliner, die die Stadt niemals verlassen. Wo ein Teich oder ein See zu finden ist, da gondeln über die schimmernde Fläche stolze Schwanenpärchen und possierliche Entenfamilien.

Wo es so viel Wasser gibt wie in Berlin, da kann es an Fischen nicht mangeln. Für den Berliner ist der Angelsport eine Spielart seiner Naturliebe. Er ist ein Geduldspiel, ein wirksames Heilmittel für gehetzte Nerven, ein Hobby. Es motiviert seinen stundenlangen Aufenthalt im Freien und beglückt ihn, auch wenn kein Fisch anbeißt. Auch hier verlässt ihn nie der angeborene Humor. Immer hat er eine kesse Antwort bereit. Der Polizist, der auf die Verbotstafel hinweist und nach der Anglerkarte fragt, bekommt dann zu hören: »Nanu, ick wer' doch noch meen' Rejenwurm baden dirfen!«

Freude an Tier und Pflanze haben auch dem Zoo seine große Volkstümlichkeit verschafft. Im Kinderzoo können die kleinen Berliner und Berlinerinnen mit den harmlosen Tieren Freundschaft schließen und die noch ungefährlichen Babys der bissigen Raubkatzen zärtlich streicheln. Dass Pandit Nehru dem Zoo den jungen Elefanten Shanti geschenkt hat, macht den indischen Ministerpräsidenten den Berlinern sympathischer und vertrauter als eine weltbewegende politische Aktion. Kaum zu schildern ist die Beliebtheit, deren sich der massige Flusspferd-Bulle Knautschke und seine Tochter Bulette erfreuen, die aus seiner Interzonenverbindung mit der Leipzigerin Olga hervorgegangen ist. Damit die Ostberliner nicht sehnsüchtig nach dem westlichen Zoo blicken und ideologisch gefährdet werden, wenn sie mit der S-Bahn einen

Vor dem Zoologischen Garten, um 1950.

Im Grunewald ist Holzauktion

Ausflug zu Shanti und Knautschke machen, hat ihr Magistrat ihnen in Friedrichsfelde einen eigenen Zoo geschenkt.

Die Leidenschaft für Luft und Licht macht die Berliner auch zu passionierten Wasserratten. Wo nur ein Planschbecken zu finden ist, da wimmelt es von kleinen Berlinern, die keine Scheu vor diesem feuchten Element kennen. Doch Berlin ist ja auch unerhört reich an natürlichen Badeplätzen. Wasserläufe und Seen machen die Landschaft zu einer Art von Seenplatte. Sonntags sind die spiegelnden Flächen der Seen überzogen von den weißen Segeln der Jollen, Schärenkreuzer und Yachten. Dazwischen schießen Motorboote dahin und bahnen sich bunte Kanus und wendige Kajaks mühsam einen Weg. Die hemmungslose Badefreude der Berliner ist ein Zeichen ihrer Lebensfreude und ein Bekenntnis zu natürlicher Lebensweise. Ihr zu frönen haben sie in ihrer mit Wasser so reich gesegneten Gegend überall Gelegenheit. Unsummen sind aufgewendet worden, um die großen Strandbäder zweckmäßig und komfortabel zu gestalten. Obwohl die Mark an Sand nicht arm ist, hat doch unlängst die Ostsee-Gemeinde Timmendorf dem Wannseebad ein paar Waggons von ihrem besten Seesand geschenkt, mit dessen seidiger Feinheit der unsere nicht wetteifern kann. Die freundliche Spende war begleitet von einer Urkunde, in der es heißt: »Für alle, die nicht zu uns kommen können, soll der Sand ein wenig zur Erholung am schönen Wannsee beitragen.« Westberlin ist zurzeit ohne freien Zugang zur Ostsee, die früher doch für viele Spreestädter die ideale Sommerfrische, für andere ihr Wochenendziel war. Man fuhr in die Bäder des Usedom-Strands wie heute nach Wannsee, und sonnabends konnte die Bahn den Andrang kaum bewältigen. Die berühmten »Strohwitwer-Züge« brachten Scharen von Ehemännern über Sonntag zu ihren Familien und montags wieder zurück. Das waren noch Zeiten, als Berlin sozusagen an der Ostsee lag!

Campingfreuden und Blütenträume

Früher war Berlin eigentlich viel, viel größer als heute. Im Westen reichte es bis an den Harz, im Osten bis an die Oder, im Norden bis an den Ostseestrand und im Süden bis an den Spreewald. Das waren alles Punkte, die die motorisierte Wanderlust des Berliners ohne Schwierigkeiten erreichte. Man konnte, wenn man nicht allzu lange in den Federn lag, im schwimmenden Restaurant bei Tangermünde auf der Elbe zu Mittag essen, unter schwarzen Harztannen den Nachmittagskaffee trinken und doch noch ohne Hetze zur Abendvorstellung in einem Berliner Kino sein. Doch das ist vorläufig vorbei. Man muss sich heute mit Ersatz begnügen.

Berliner, die die Natur in Gestalt von Wald, Wiese und Wasser genießen wollen, machen zum Festtag jeden Tag, den der Himmel dazu geschaffen hat, indem er die Sonne scheinen lässt, was sie scheinen mag. Diese Gattung von Berlinern hat den Reiz des Zeltens entdeckt. Aber auch für sie ist der Raum eingeengt und sind die schönen Campingplätze selten geworden. Für viele gibt es dennoch eine neue Form des Wochenendes und für nicht wenige sogar einen Ersatz für die jährliche Ferienreise.

Nur wer mit zweieinhalb Millionen Menschen in einer halben Stadt eingeschlossen ist, der weiß, was Natur ist. In dieser Situation sind die Westberliner. Ihr offizieller Campingplatz ist Kohlhasenbrück. Er liegt dicht an der Zonengrenze bei Nowawes, wo der Teltowkanal in den Griebnitzsee mündet. Das sandige Ufer böte für die vom Deutschen Camping-Club geschaffene Zeltstadt einen idealen Platz, wenn sich nicht zwischen zwei- und vierhundert Zelte und Wahnwagen dort auf beschränktem Raum drängten. Fast zwei Drittel des Geländes bedecken alte Buchen, Linden,

Kastanien und Eichen. Mit dem leisen Rauschen der Blätter singen sie die Bewohner in den Schlaf, mit melodischem Lärm weckt das Vogelvolk in den Kronen sie auf. Das alles gehört zum Zelten wie das Wasser dicht vor der Tür und die frische Luft ringsum.

Aber es ist doch nur ein mittelmäßiges Vergnügen für den wahren Naturfreund. Er fühlt sich in diesem Gewühl von unruhigen Menschen wie in einem Pferch.

Viele der Zelte werden in den ersten schönen Tagen des Jahres aufgebaut und erst abgebrochen, wenn die Blätter anfangen zu gilben, die Abende kühl und feucht werden und die Bewohner mit Rheumatismus bedrohen. Manche Familien verleben den ganzen Sommer in diesen Behausungen. Die Väter flitzen täglich zu ihren Geschäften in die Stadt und sind abends schnell wieder draußen.

Auf einen gewissen Komfort wollen diese modernen Nomaden nicht verzichten. Die Zivilisation fängt in Kohlhasenbrück schon am Eingang an. Ihr erstes Symptom ist der Kiosk mit der Kaffeemaschine. Auch das Angebot von Lebensmittelkonserven und Getränken gehört dazu. Nicht minder das Gästebuch, das der Platzwart dem Ankommenden vorlegt, damit er seinen Namen einträgt, und endlich auch die Platzmiete, denn die Natur hat ihren festen Preis und wird pachtweise an den Mann gebracht. Auch sonst geht es hier sehr zivilisiert zu. Der mehrflammige Spirituskocher, auf dem man die Mahlzeiten zubereitet, ist noch kein Luxus. Selbst die Luftmatratzen, auf denen man weicher liegt als auf dem nackten Waldboden, sind noch keine Extravaganz. Doch beim Perserteppich im Freien hört die Naturverbundenheit auf. Radio und Fernsehapparat lassen sich ebenso wenig damit in Einklang bringen. Man bewegt sich ja auch nicht in Frack und Abendkleid zwischen den Zelten, sondern geht leicht geschürzt und in ländlichem Dress. Zum wahren Zauber des Campens gehört, dass

Camping-Anhänger aus Ostberliner Produktion, Mitte der 1950er Jahre.

Campingfreuden und Blütenträume

man sich völlig von allen strengen konventionellen Formen des gesellschaftlichen Lebens löst. Dafür aber ist hier die Stadt zu nah. Man spürt sie immer im Hintergrund. Selbst die Natur wirkt hier ein wenig parfümiert und unecht. Das Gedrängel ist oft größer als auf dem Kurfürstendamm.

Und doch gibt es in Westberlin mehr genügsame Campingfreunde, als in Kohlhasenbrück Platz finden. Denen, die keinen Campingschein mehr bekommen können, bleiben nur noch die wilden Zeltplätze an den Ufern der Havel. Die nicht motorisierten Campingfreunde, die ihr Zelt wie in seligen Wandervogelzeiten auf dem Rücken mit sich schleppen, auf dem Fahrrad verstauen oder im Kanu mit sich führen, bevorzugen solche Plätze, die zuweilen etwas lauschiger und stiller sind. Ob Wohnwagennomaden oder Zeltbewohner, sie alle hoffen auf die Zeit, in der keine Zonengrenzen sie mehr von den lockenden Ufern an den Gewässern des östlichen Vorlandes von Berlin, in der seenreichen Mark und im sonnigen Mecklenburg trennen, da auch die See, durch Schnellstraßen mit uns verbunden, wieder näher an Berlin heranrückt.

Wenn der Frühling in den Anlagen und Gärten der Stadt anzeigt, dass er angekommen ist, dann denken die Westberliner wehmütig an die schönen Zeiten, da sie »nach Werder in die Blüte fahren« konnten. Werder an der Havel ist das blühende Paradies, zu dem man mit den kleinen flinken Vergnügungsdampfern von Wannsee oder Potsdam aus zwischen schimmernden Ufern, mit Sonderomnibussen oder mit der Bahn durch die blühende Landschaft fuhr. Von den Höhen hinter der Havelinsel Werder konnte man weithin über das gleißende Weiß der Obstplantagen der »Werderschen Weinberge« schauen. In den Gartenlokalen auf den Höhen wurden die selbstgekelterten Fruchtweine ausgeschenkt. Sie waren so süffig und taten so harmlos, wenn man sie trank, doch sie vernebelten schnell den Kopf und fuhren in die Beine. Mancher, der beschwingt und leichtfüßig den Hügel hinaufgestiegen war, verlor auf dem Rückweg das Gleichgewicht.

Wochen danach machten die Berlinerinnen dann noch einmal den weiten Weg in die Gegend von Werder. Inzwischen waren aus den weißen Blüten schöne rote Kirschen geworden. Mit ihnen zugleich reiften auch Stachelbeeren und Johannistrauben. Dort kauften die praktischen Berlinerinnen vom Bauern direkt die frische Ware billiger als in der Stadt auf dem Markt. Mit Körben und Eimern zogen sie samt den Kindern hinaus und handelten um den niedrigsten Preis. Für die Kleinen war es jedes Mal ein Fest.

Heute liegt dieses Blütenparadies in der Zone. Man hat den Westberlinern die Tür dazu vor der Nase zugeschlagen. Auch nach Berlins Spargelfeldern und reichen Erdbeerkulturen in jener Gegend sehnen sie sich vergeblich.

Aber die Westberliner haben sich nach einem Ersatz umgesehen und ihn gefunden. Sie haben entdeckt, dass es im südlichen Vorort Britz auch Frühling wird und dass auch dort die Obstbäume blühen. Es ist nicht so schön und romantisch wie an der Havel und ihren blütenüberschneiten Ufern, aber schön ist es doch. Sie fahren jetzt also nicht mehr gegen Westen, sondern südwärts. Und das ist nicht so weit und auch billiger. Seit das echte Werder an der Havel unerreichbar ist, nennt man Britz »Klein-Werder«, und sein »Maienfest« ist schon traditionell geworden.

Die Britzer Obstbäume blühen schließlich ebenso schön wie die von Werder. Damit trösten sich die Westberliner. Und es gibt dort sogar etwas, was Werder nie zu bieten hatte, nämlich am Tag des Maienfestes einen Korso. Auf einer Tribüne sitzen die Ehrengäste und lassen die bekränzten Wagen an sich vorüberziehen. In den Straßen, in denen neben ländlichen Wohnstätten moderne

Siedlungsbauten stehen, gibt es unzählige Verkaufsbuden, die Erfrischungen aller Art feilbieten. Natürlich werden wegen der Kirschblüten Obstweine bevorzugt, auch wenn sie nicht in Britz gekeltert sind. Britz gleicht im Mai mehr als das märkische Werder dem Inselreich der aufgehenden Sonne im Fernen Osten, das durch seinen Kirschblütenzauber so berühmt geworden ist, denn hier wie dort kommt die vollendete Schönheit des Blühens nicht von der braven fruchtreichen Kirsche, die von Lucullus bekanntlich nach Rom und von den Römern nach Germanien gebracht worden ist, sondern von der ungenießbaren, aber deshalb umso herrlicher blühenden japanischen Zierkirsche.

Jenseits der Bezirksgrenze hat Britz in jüngster Zeit einen Rivalen gefunden. Den Lichtenradern missfiel es, dass die Berliner von der Britzer Blütenpracht so viel Aufhebens machten, wo doch der Frühling ein paar Kilometer weiter ebenfalls seinen reichen Segen ausschüttete. Mit ein wenig Reklame ließ sich auch hier ein Blütenfest inszenieren. Sein Schauplatz ist der Dorfanger mit seinem Teich. Mit schönen Reden, kräftigen Trünken und einem Monsterfeuerwerk wird die »Blütenkönigin« gekrönt. Die Besucher drängeln sich in dichten Scharen zwischen den Würstchenbuden und Karussells, denn die Berliner lieben laute Feste. Zwischen Wochenendhäuschen und Laubenkolonien suchen die besinnlichen Freunde der Natur die Schönheit des Blühens auf abseits gelegenen stillen Wegen.

Im Westen wird getrabt,
im Osten galoppiert

Die Glocke mit den fünf verschlungenen Ringen, die 1936 von ihrem sechsundsiebzig Meter hohen Turm herab die Jugend der Welt zu friedlichem Wettstreit ins Olympia-Stadion rief, ist geborsten und klingt nicht mehr. Das riesige Sportfeld mit seinen Anlagen inmitten ausgedehnter Grünflächen aber ist wieder erstanden und erfüllt seine vielseitigen Aufgaben. Schwarz von Menschen sind die breiten Zugangsstraßen, wenn im großen Oval des »Stadions der Hunderttausend« bedeutende Fußballmannschaften sich gegenübertreten oder andere sportliche Veranstaltungen stattfinden, denn die Berliner sind leidenschaftliche Sportfreunde. Als Zuschauer füllen sie auch die Tribünen der zahlreichen modernen Sportplätze in den Bezirken, als Aktive tummeln sie sich dort auf dem Rasen oder auf der Aschenbahn; immer wachen sie eifersüchtig über die Erfolge ihrer Vereine in den eigenen wie auch in den fremden Arenen.

Von tosender Begeisterung und den Klängen des vom Publikum mehr laut als melodisch mitgepfiffenen »Sportpalast-Walzers« hallen auch die Wände des riesigen Sportpalastes an der Potsdamer Straße wider, wenn dort beim Eishockey die berühmten Mannschaften der Welt erbittert miteinander die Kräfte messen und der schnellen Scheibe nachjagen, und sie steigert sich zu dröhnenden Ausbrüchen, wenn bei den traditionellen Sechstagerennen ihre Augen an den Favoriten hängen, die unermüdlich ihre Runden drehen.

Mit Ungeduld warten die Berliner Sportfreunde auf die baldige Wiedereröffnung der zerstörten, sportlichen Großveranstaltungen gewidmeten Deutschlandhalle am Rand des Grunewalds, dicht beim Messegelände, wo einst Reit- und Fahrturniere sich mit den Zirkus-Großveranstaltungen »Menschen, Tiere, Sensationen« abwechselten.

Über die nahegelegene Avus, die als einzige Auto-Rennbahn Europas sich innerhalb bebauten städtischen Geländes erstreckt, rollen in gewöhnlichen Zeiten ununterbrochen schwere Lastkraftwagenzüge und Personenautos, denn sie ist seit Vollendung des »Berliner Rings« Zubringer zur Autobahn und damit Teil des ganz Europa überziehenden Autostraßennetzes. An besonderen Tagen aber dröhnen hier die Motoren der schnellsten Rennwagen mit der Elite des Volants auf dem Fahrersitz über die weißen Betonstreifen zwischen den Grunewaldbäumen und an den Tribünen vorbei, auf denen sich das sportlich interessierte Berlin und die auswärtigen Gäste ein Stelldichein geben.

Mit seinen sechs berühmten Turfplätzen, von denen heute drei im Osten liegen, war Berlin einmal führend auf dem Gebiet des Pferdesports, und es hatte immer seine großen Tage, wenn die namhaften Rennstallbesitzer des Kontinents in Grunewald, Hoppegarten, Karlshorst, Strausberg, Mariendorf oder Ruhleben ihre Vollblüter starteten oder ihre Traber laufen ließen, wenn die große Gesellschaft die Tribünen zierte und auf dem Sattelplatz durch ihre mondäne Eleganz brillierte. Die Berliner sind noch immer interessierte und kenntnisreiche Liebhaber hippologischer Veranstaltungen, aber sie haben seltener Gelegenheit, daran teilzunehmen. Die Trabrennen, die eine Berliner Spezialität waren, sind heute auf Mariendorf beschränkt, und Galopprennen gibt es nur in Ostberlin. Der aristokratische Pferdesport hat im Autosport seine bürgerliche Ergänzung und teilweise auch seinen Ersatz gefunden, doch er lockt noch immer die Liebhaber an, und sie finden sich zahlreich ein, wenn während der Grünen Woche in den Messehallen bei den Reit- und Springturnieren schöne

Autorennen auf der Avus, September 1955.

Im Westen wird getrabt, im Osten galoppiert

Leistungen der Amateure zu bewundern sind, sie schauen wohl-
gefällig zu, wenn kleine Kavalkaden über die sandigen Wege des
Grunewalds traben.

Die Berliner können Berge versetzen

Seit 1945 wechselt Berlin ständig sein Gesicht. Aber sein Wesen
verändert es nicht. Damals sah es aus wie eine Mondlandschaft,
in der überall die erloschenen Krater der Brandnächte klafften.
Langsam schlossen sie sich.

Freundliche Hügel wachsen an der Peripherie der Stadt und
auf dem Gelände zwischen den Außenbezirken, wo der sandige
Boden immer nur mit einer dünnen Grasnarbe, mit Unkraut und
kargem Gesträuch bedeckt war. Die Hügel überziehen sich mit
dichtem Grün, das sich bemüht, den Wanderer vergessen zu machen, dass darunter der Trümmerschutt mit seinen schrecklichen
Erinnerungen an böse Zeiten liegt. Kinder spielen darauf, die damals noch nicht geboren waren. Und bald werden Liebespaare auf
den Bänken sitzen und von der Zukunft sprechen, ihrer Zukunft,
ohne dabei an die Vergangenheit zu denken, die den Boden unter
ihren Füßen bildet.

Einen erheblichen Teil von den 75 Millionen Kubikmetern
Schutt der von Spreng- und Brandbomben zerstörten Häuser
haben die Berliner benutzt, um ihrem märkischen Flachland ein
paar »alpine« Akzente zu geben. Sprechen sie in ihrem lokalen
Ehrgeiz doch auch angesichts der leichten Bodenerhebungen im
östlichen Vorland der Stadt von der »Märkischen Schweiz«, ob-

wohl die Waldhügel dort sich nur ein paar Dutzend Meter über den Meeresspiegel erheben. Stolzer aber als auf diese Geschenke der Natur sind sie auf die Berge, die sie selbst geschaffen haben und deren Geschichte zum Teil recht seltsam ist. Trümmerschutt anhäufen kann jeder, der genügend davon hat, und daran mangelte es ja nicht. Aber die Berliner haben es sogar fertiggebracht, nicht nur symbolisch, sondern auch tatsächlich Berge zu versetzen. Nicht nur einmal, sondern mehrmals. Jahrelang häufelte man in mühevoller Kleinarbeit über den Trümmern des Bunkers am Zoo, der verschiedenen Sprengversuchen der Engländer widerstanden hatte und den erst deutsche Gründlichkeit in ein unförmiges Gewirr von Betonklötzen und Eisenträgern verwandelte, den Schutt zerstörter Wohnviertel, um den Affen ein Paradies zu schaffen, in dem sie munter herumtoben sollten. Aber kaum war man damit fertig, und noch hatten die Bewohner es nicht in Besitz genommen, da kamen die Stadtplaner und erklärten, der Bunkerberg störe und passe nicht in ihre Entwürfe. Er müsse weg, denn sie brauchten den Platz für ihre Neuordnung der Umgebung des Bahnhofs Zoo, die den Erfordernissen des modernen Verkehrs nicht mehr entspreche. Man konnte sich ihren Argumenten nicht verschließen. Wieder rückten Bagger und Wagenkolonnen an, um den Berg abzutragen und seine Massen an anderer Stelle abzuladen. Aus dem Paradies für die Affen wurde nichts, aber die Berliner amüsierten sich nicht wenig über die Weisheit ihrer Behörden.

Ähnlich erging es dem Trümmerberg auf dem Messegelände am Funkturm. Er hatte schon eine recht ansehnliche Höhe erreicht, als man ihn als ein Hindernis empfand. Er lag ausgerechnet da, wo ein Anschlussgeleise zu den Ausstellungshallen hinkommen sollte. Auch hier verfuhr man wie am Zoo und rückte dem künstlichen »Monte«, kaum dass er seinen Gipfel aufgesetzt

Berliner Trümmerfrau bei der Arbeit, 1948.

bekommen hatte, mit gefräßigen Greifern zu Leibe und fuhr ihm unbarmherzig in die Flanken.

Während Bunkerberg und Messehügel dahinschwanden wie der Schnee vor der Sonne, wuchs ein paar Kilometer entfernt davon, im Grunewald, der Teufelsberg. Mitten im grünen Quartier der Kiefern, unweit des Teufelssees, ergänzte er schon mit seinen Anfängen die romantische Landschaft. Nun kamen die Zufuhren vom Bunkerberg und vom Messehügel und ließen ihn schneller und höher wachsen, als ursprünglich geplant. So gedeiht das Gebilde aus Menschenhand zu einer imposanten Sehenswürdigkeit.

Eines Tages wird sich hier aus Sand, Ziegelsplitt, Scherben, Schutt und allerlei Abfällen Berlins höchster Berg erheben und fast ein Fünftel seiner ganzen Trümmermasse umfassen. Noch hat er erst etwas mehr als zwei Drittel seiner künftigen Höhe von 120 Meter erreicht. Ihn als »Berg« zu bezeichnen, ist vorläufig noch eine euphemistische Schmeichelei, denn noch starren seine zerklüfteten Flanken unbepflanzt aus dem weiten Kahlschlag der waldigen Umgebung und erinnern mehr an eine Wüste als an eine mit Bedacht angelegte Kulturlandschaft. An windigen Tagen kann man dort sogar einen veritablen Sandsturm erleben oder sich zwischen Wanderdünen versetzt fühlen.

Selten verirrt sich ein Spaziergänger auf den Gipfel, denn nichts lockt dort vorläufig die Neugier. Aber Hunderte von Fahrzeugen keuchen täglich dort hinauf und winden sich in den ausgefahrenen Räderspuren, um an der Schuttkippe ihre Last zu entladen. Dann verschwindet der Gipfel oft in einer Wolke von Staub und Dreck und lässt kaum die Vorstellung zu, dass hier einmal ein neues Ausflugsziel entstehen soll.

Ein bescheidener Anfang ist allerdings schon gemacht. Am Fuße des Teufelsberges hat man begonnen, durch Grünflächen den Blick von der Trostlosigkeit des Bildes, der grauen Öde der

Schutthalden, abzulenken. Ein Uhupärchen aus Stein schaut von einem hohen Sockel über das Revier, und auf flachem Unterbau kauert ein Fuchs, den der Künstler aus alten granitenen Straßenbordschwellen herausgehauen hat.

Wenn der von erfahrenen Landschaftsgestaltern geplante Berg seine endgültige Gestalt gefunden hat, dann sollen ein Restaurant, eine Waldgaststätte, Liegewiesen und ein Planschbecken die Besucher zum Aufenthalt einladen und ihnen von mehreren Aussichtspunkten Rundblicke in die Ferne ermöglichen. Auch an die Wintersportler ist dabei gedacht. Wo sie auf einer provisorischen Sprungschanze bereits zum Wettbewerb im Skispringen antraten, wird dann eine große Sprungschanze mit Skilift ihnen vielleicht die Mühe einer kostspieligen Reise nach Garmisch-Partenkirchen abnehmen. Immerhin soll die Anlage eine Sprungweite von 60 Metern haben. Auf diese Weise wird Berlin sich vielleicht noch einmal zu einem Wintersportplatz entwickeln. Dass Rodelbahnen nicht fehlen werden, versteht sich von selbst.

Aber noch ist es nicht so weit, und wenn der mit allem Komfort ausgestattete Teufelsberg auch kein Wunschtraum der Berliner ist, als Wirklichkeit wird er wohl noch ein paar Jahre auf sich warten lassen, denn so ein Berg schluckt ungeheure Mengen Material. Doch er kostet auch viel Geld. Sieben Millionen sind dafür angesetzt. Aber man kann froh sein, so billig dabei wegzukommen. Als man sich nach dem Zusammenbruch 1945 den Schaden besah und fleißig zusammenrechnete, wie viel Schutt man als Erbe einer »glorreichen Zeit« vorfand, da sträubten sich den Experten die Haare. Im ersten Schrecken glaubten sie, man brauche mindestens 50 Jahre, um aufzuräumen und aufzubauen. Jeder zerbrach sich den Kopf, was man mit dieser Unmenge von Trümmern anfangen und wohin man sie verfrachten sollte. Wer auf den glücklichen Gedanken kam, das ebene Berlin mit diesen Trümmern zu einer reizvollen Hügelstadt zu machen, weiß man nicht, aber es muss ein kluger Kopf gewesen sein, der eine so glückliche Lösung fand und dem hochmütigen Kreuzberg ein paar Rivalen gab, die sich sehen lassen können. Einer der ersten, die fertig wurden, war der Trümmerhöhenzug, »Insulaner« genannt, jenseits des Bahngeländes am Priesterweg in Schöneberg. Mit seinen 75 Metern überragt er schon den Kreuzberg, und seine Parkanlagen gedeihen prächtig auf dem Untergrund, der aus tausenden Tonnen zerdepperten Berlins besteht. Deshalb haben die Berliner ihn in ihr Herz geschlossen, und da sie das nicht ohne einen Witz tun können, haben sie schnell einen Spitznamen gefunden und ihn »Monte Klamotte« genannt.

Ein wenig klingt in diesem gleichzeitig ironischen wie zärtlichen Scherzwort der Stolz der Berliner auf ihre Trümmerberge an, denn sie sind ihrer Hände Werk. Viele von ihnen haben in den bitteren Notzeiten in Wind und Wetter, in dünner, abgeschlissener Kleidung und mit leerem Magen in den Ruinen gestanden und Stein für Stein in die Hand genommen, um die zerbrochenen Ziegel von den heil gebliebenen zu sondern, von diesen den Mörtel abzuklopfen und sie fein säuberlich aufzuschichten. Damals gab es kein Baumaterial, und für die notwendigen Ausbesserungsarbeiten an den beschädigten Wohnungen brauchte man Steine. Diese schwere und erschöpfende Arbeit fiel meist den Frauen zu. Für 80 Pfennig die Stunde und Lebensmittelkarte 3 standen sommers wie winters Berlinerinnen jeden Alters mit dem Maurerhammer in der Hand in den Ruinen – die Hände schrundig und das Haar bestäubt, die Füße in klobigen Schuhen und bei frostigem Wetter ganz eingemummt bis über die Ohren. Seine Trümmerfrauen vergisst Berlin nicht. Auf der Rixdorfer Höhe im Volkspark Hasenheide hat es ihnen ein Denkmal gesetzt. Überlebensgroß sitzt da in Stein gehauen die Trümmerfrau und hat die müden Hände für einen Augenblick in den Schoß gelegt. Auch diese Höhe, auf der man sie verewigt hat, ist ein Gebilde aus Trümmerschutt. Dreiviertel Millionen Kubikmeter davon wurden hier zusammengetragen und mit 300 000 Sträuchern und Bäumchen bepflanzt. Von dem großen tellerförmigen Rondell der Hügelkuppe blickt man über die grüne Fläche des Tempelhofer Flugfeldes und in der Runde bis zu den verschwimmenden Konturen des Stadtrandes.

Von Trümmermännern berichtet kein Buch, kein Heldenlied, immer ist nur von Trümmerfrauen in Berlin die Rede, denn ihrer waren Tausende, und die Mehrzahl von ihnen hatte für eine Schar Kinder daheim zu sorgen, denen der Vater fehlte, weil er aus dem Kriege nicht zurückgekehrt oder noch in Gefangenschaft war.

Ohne Trümmerfrauen keine Trümmerberge, und wenn Berlin schon nach zwölf Jahren so sauber geworden ist und Platz geschaffen hat für seine Neubauten, dann ist dies vor allem den Trümmerfrauen zu danken.

Buntes Allerlei von den Grenzen

Zwischen West- und Ostberlin ist die Grenze nur ein symbolisches Hindernis, zwischen Westberlin und der Zone wird sie zu einem faktischen. Jene erscheint, nachdem die Sperren so gut wie beseitigt sind, fast nur noch auf den Stadtplänen als Markierungslinie, über die man hinwegschreiten kann, ohne dass man besondere Schwierigkeiten hat. An der Zonengrenze aber hören die Konzessionen auf. Da rennt der Westberliner gegen die starren Palisaden einer eigensinnigen Politik, die auf Trennung besteht, wenn sie auch immer von der Einheit spricht und die Spaltung der Gegenseite in die Schuhe schiebt.

Vor einer solchen Schranke steht der Westberliner, der versuchen sollte, bei einem Spaziergang unter den alten Bäumen der schönen Seepromenade entlang dem Schlosspark Klein-Glienicke die Havelbrücke zu überschreiten, die nach der Berliner Vorstadt von Potsdam führt. Sie ist durch einen Schlagbaum versperrt, und dabei heißt sie doch heute »Brücke der Einheit«. Potsdamer, die nach Westberlin wollen, können passieren. Westberliner aber dürfen nur einen sehnsüchtigen Blick nach drüben über die Brücke schicken, über die einst in beiden Richtungen ein lebhafter Verkehr ging. Weil die Vopos, die dort Posten stehen müssen, sich vor allem während der langen Winternächte schrecklich langweilen und im kalten Zugwind frieren, stellen die Westberliner ihnen in der Weihnachtszeit einen Christbaum mit brennenden Kerzen vor den Schlagbaum.

Bitterer als von den Spaziergängern werden die Schranken an der Zonengrenze von den Westberlinern empfunden, die drüben ihre Gärten haben. Sie dürfen sich das reife Obst an ihren Bäumen durch das Fernglas betrachten, aber ernten können sie es nicht. Es darf an den Ästen verfaulen, wenn die Sperlinge und Amseln es nicht verspeisen. Die Besitzer ärgern sich grün und blau über die Schikanen der Pankower Herren, aber ändern lässt sich das nicht. Auch die Westberliner, die im Ostsektor ihre Häuser haben, bekommen die Miete daraus nicht in die Hand. Sie wird auf ein Sperrkonto eingezahlt, nachdem Steuern und Reparaturkosten abgezogen sind. Nur wenn sie nicht durch andere Einkünfte ihr Existenzminimum erreichen, werden ihnen auf Antrag die stark reduzierten Ostmarkbeträge ausgehändigt. Diese reichen aber meist für die Lebensführung in Westberlin nicht aus, und um die davon betroffenen Mitbürger nicht Not leiden und zu

YOU ARE LEAVING
SECTOR AT CENT
ВЫ ОСТАВЛЯЕТЕ А
СЕКТОР НА СЕР
AU MILIEU DU
QUITTEZ LE SECTE
SIE VERLASSEN DEN AME

Grenzverkehr auf der Glienicker Brücke, Sommer 1953.

Unterstützungsempfängern werden zu lassen, erhalten sie wie die Arbeitnehmer in gleicher Lage von der Westberliner Währungsausgleichsstelle einen bestimmten Teil ihrer Ostmarkeinnahmen eins zu eins in Westwährung umgetauscht. Zum Ausgleich dafür werden den Ostsektorianern Mieten aus Westberliner Hausbesitz eins zu eins in Ostmark transferiert. Nicht einmal die Alliierten bleiben vom Unfug der Grenzziehung verschont, und sollten sie trotz aller Vorsicht mit einem Fuß unter den Eisernen Vorhang geraten, dann droht zwar kein Weltkrieg, aber ein Konflikt ist doch nicht ausgeschlossen. So geschah es vor einiger Zeit in der Westberliner Exklave »Eiskeller«. Sie ist ein Stückchen Westberlin in der Zone, wenn auch nicht so klein, dass nicht ein britischer Jeep bequem darin wenden könnte. Aber bei einem derartigen Manöver passierte es einem Tommy, dass er mit der Hinterachse seines Fahrzeugs einige Zentimeter auf sowjetzonales Gebiet geriet. Da die Vopos an solchen neuralgischen Punkten besonders wachsam sind, schlug der Posten gleich Lärm und alarmierte Verstärkung. Fünfundzwanzig Mann stark rückte eine Abteilung mit ihren Maschinenpistolen an und beschlagnahmte das Viertel des Autos, das sich einer flagranten Grenzverletzung schuldig gemacht hatte. Doch die Briten gaben sich nicht geschlagen. Sie ließen sofort ein Detachement von vierzig Mann aufmarschieren; Gewehr bei Fuß standen beide Seiten einander gegenüber und betrachteten sich gegenseitig mit martialischen Mienen. Trotz ihrer Übermacht schlugen die Briten nicht los. Aber auch der Jeep rückte nicht von der falschen Stelle, die er sich für seine Hinterräder ausgesucht hatte. Die Vopos wachten darüber, dass die Situation unverändert blieb, bis höhere Chargen sie inspiziert hatten. Dann wurde der Fall durch Eingreifen höchster Instanzen entschieden. Der Jeep durfte seine Hinterachse auf Westberliner Territorium zurücknehmen.

In Westberlin hatte man wieder mal Ursache zum Lachen. Und als man dann in einen Ostberliner Kalender schaute und feststellte, dass darin der Februar nicht nur seinen zusätzlichen Schaltjahrtag verzeichnet hatte, sondern sogar von dem volkseigenen Kalendermacher mit einem dreißigsten Tage beschert worden war, da flüsterte man sich auf beiden Seiten der Sektorengrenze mit zwinkerndem Auge zu: »Der eine Tag mehr reicht denen da oben bestimmt nicht aus, um im neuen Jahr die Dummheiten wettzumachen, die sie im verflossenen begangen haben.«

In einer andern Exklave, die »Steinstücken« heißt, entdeckten einige Bewohner, dass es auch seine Vorteile haben kann, wenn man auf einer kleinen Insel im roten Meer lebt. Sie waren faule Zahler und sollten gepfändet werden. Nur mit vieler Mühe und nach einigen vergeblichen Versuchen gelang es dem Gerichtsvollzieher, seine »Kuckucke« unversehrt durch das fremde Gebiet zu bringen und den säumigen Kunden auf die Möbel zu pappen. Da klebten sie nun friedlich bis zum Tage der Wiedervereinigung, denn wenn die Schuldner nicht gutwillig ihre Verpflichtungen erfüllen, bleiben sie ungeschoren. Kein Fuhrunternehmer wird die Pfandstücke abtransportieren können, solange Steinstücken eine Exklave ist. Dafür sorgen die Vopos.

Seltsam ist, dass es auch mitten in Westberlin so etwas wie Grenzgebiete gibt, nämlich die Umgebung der S-Bahnhöfe. Aller Westberliner Boden, der Anlagen der Deutschen Reichsbahn trägt, ist ostzonales Territorium. Das haben die Alliierten 1945 den Sowjets zugestanden, und daran hat man nichts ändern können. Man merkt es kaum, aber die Geschäfte in der Nähe sind auf Ostkundschaft eingestellt, und am Bahnhof Zoo promenieren noch immer dunkle Gestalten, die den Passanten, die sie mit sicherem Blick als Ostberliner oder Zonenbewohner erkennen, ihr Sprüchlein zuflüstern: »Ostmark gegen Westmark! Ostmark gegen Westmark! Bester Kurs!« Diese wandelnden Wechselstuben sind wenig vertrauenerweckend, aber sie machen doch ihre Geschäfte. In den offiziellen Wechselstuben ist zuweilen starker Andrang. Da wickelt sich der Umtausch im Schatten des Bahnbogens schneller ab.

Ähnliche Gestalten – sie operieren nur mit einem andern Slogan – gibt es auch an der Sektorengrenze. Hier tun sie Schlepperdienste für Geschäfte, die nicht direkt an der Übergangsstelle liegen und doch von dem Warenhunger der Ostbevölkerung und dem Run auf gute Westwaren profitieren möchten. Unauffällig schlendern die Schlepper vor den Buden und Kiosken auf und ab, die an der Sektorengrenze auf Westberliner Gebiet wild aus dem Boden geschossen sind und Bedarfsartikel aller Art feilbieten. Hier wird überall Ostgeld zum Tageskurs angenommen. Die primitive Einrichtung dieser Verkaufsstände erweckt den Eindruck, dass sich hier billig einkaufen lässt. Darum haben sie starken Zulauf. Aber da sind die Schlepper. Sie wissen den Kauflustigen einzureden, nur ein paar hundert Schritte weiter könnten sie ihnen ein Geschäft zeigen, in dem man besser und preiswerter einkaufe. Sie sollten sich doch hier nicht alte Ladenhüter und anderen Dreck andrehen lassen, wenn sie dort für dasselbe Geld beste Qualität bekämen. Viele glauben ihnen und lassen sich zu der gerühmten Quelle führen. Unterwegs versucht der Schlepper, der von seinem Auftraggeber Provision bezieht, einen kleinen Privathandel zu tätigen. So hat er vielleicht eine Uhr anzubieten, »echt Schweizer Werk, spottbillig, fabrikneu, kostet nur DM 25,-, Einkaufspreis, im Laden mindestens 25 Prozent mehr«, und er verrechnet Ostmark zu einem Kurs, den keine Wechselstube bietet. Tatsächlich zahlt er für die Ostmark ein paar Pfennige mehr, dafür ist die Uhr aber auch bei jedem regulären Uhrenhändler für zwei Drittel des geforderten Betrages zu haben.

Gewitzter sind Westkunden, die einen Sprung über die Sektorengrenze tun, die oft genug auch zum schmalen Grat zwischen Gut und Böse wird. Sie wissen, dass einzelne Dinge drüben, wenn man so sehr auf Qualität nicht sieht, billiger angeboten werden, aber sie scheuen sich, in die HO-Läden zu gehen. Sie fürchten, dort aufzufallen oder – wie einmal geflüstert wurde – von einer versteckt angebrachten Kamera geknipst zu werden. Außerdem muss man sich bei Einkäufen in den HO-Läden als Bewohner Ostberlins oder der Zone ausweisen, und die oft geübte Praxis, einen »falschen«, von Bekannten oder Verwandten von »drüben« ausgeliehenen Personalausweis vorzuzeigen, hat schon in vielen Fällen beiden – dem Einkäufer aus Westberlin und dem leichtsinnigen Verleiher aus dem Osten – eine empfindliche Strafe eingebracht. Da erscheinen als willkommene Helfer in der Not die berufsmäßigen »Einkäufer«, die nur darauf warten, sich nützlich zu machen. Aus den HO-Läden holen sie alles, was dort zu kaufen ist, ohne dass der Name des Käufers und die Nummer des Personalausweises notiert werden. Das ist nämlich beim Einkauf von optischen Geräten, Pelzen, Teppichen, Schreibmaschinen und noch einigen anderen Dingen der Fall, und der Käufer dieser Gegenstände muss noch Jahre später mit einer Kontrolle rechnen, ob sie sich auch tatsächlich in seinem Besitz befinden und nicht etwa »illegal« in den Westen gewandert sind. Die Einkäufer nehmen für ihre Gefälligkeit nur einen kleinen Aufschlag, aber die geringen Beträge summieren sich, und man kann davon leben. Ob es sich auch für die Käufer lohnt, das steht auf einem anderen Blatt. Aber es gibt Westberliner, die den Reiz des Verbotenen auf diese Weise auskosten.

An die Grenzgänger aus dem Osten dachte auch der Gastronom, der am Kurfürstendamm, nicht weit vom Bahnhof Zoo, ein originelles Speiserestaurant einrichtete. Er annonciert es als das »Haus der starken Esser« und wartet seinen Gästen täglich mit einem neuen kulinarischen Schlager auf. Bei ihm heißt es – und das ist die Attraktion seines Etablissements-: »Jeder isst, so viel er will ... für DM 2,-.« Was er verspricht, das hält er auch. Mehr als die Hälfte der Besucher stammt aus dem Osten und beweist ihr enormes Konsumtionsvermögen. Einzelne Gäste kommen tief aus der Zone, um das lockende Angebot wahrzunehmen. Eine Dame, die unlängst durch die Vertilgung der dritten Portion an den Nebentischen Heiterkeit hervorrief, erklärte dem Kellner auf die Frage, ob er noch einmal servieren dürfe: »Danke, das Gegrinse meiner Nachbarn stört mich. Da gehe ich lieber hungrig nach Hause!«- und verließ das Lokal.

Eine Sorte von Schleppern auf ostsektoraler Seite hat besondere Aufgaben zu erfüllen. Sie nehmen sich Ausländer oder Bundesrepublikaner aufs Korn, die gern einmal durch Ostberlin streifen möchten, aber ohne Ortskenntnis sind. In den an der Grenze verstreut liegenden Aufklärungslokalen der »Nationalen Front« warten diese Schlepper auf ihre »Kunden«. So ganz von ungefähr pirschen sie sich an die Fremden heran. Bescheiden bieten sie sich zu einer Führung durch den »demokratischen Sektor« an, in dem sie sehr genau Bescheid wissen. Sie erweisen sich bei dieser Gelegenheit wirklich als kundige Führer, die alles Sehenswerte so kommentieren, dass man einen recht günstigen Eindruck von den Zuständen und Verhältnissen jener Stadthälfte bekommt. Der Besucher merkt kaum, dass sich in die Lobrede auf den östlichen Fortschritt zwischendurch mal eine kleine kritische Bemerkung gegen den kapitalistischen Westen einschleicht. Natürlich geschieht das ganz dezent und ohne spürbare Aggressivität; es wird nicht mit dem Holzhammer polemisiert. Diese wilden »Fremdenführer« kommen zumeist aus der kommunistischen Jugendorganisation. Deshalb erlaubt man ihnen auch, sich ohne richtige Arbeit herumzutreiben, denn das, was sie tun, ist Dienst am »Staat der Arbeiter und Bauern«. Für diese Aufgabe werden sie dressiert, und wenn sie ihr Sprüchlein gut gelernt haben, schickt man sie auf die Straße. Haben sie einen Führungswilligen geangelt, dann geht es zu den allerdings nicht sehr zahlreichen Stellen und Plätzen, wo der »demokratische Sektor« seinen Aufbauwillen manifestiert hat und der junge »Staat der Werktätigen« sich von seiner besten Seite zeigt. Besucht der »Bärenführer« mit seinem Klienten zwischendurch zur Erfrischung eines der wenigen eleganten Cafés, dann übernimmt er die Begleichung der Rechnung – natürlich in Ost, denn man weiß dort, mit wem man es zu tun hat, und dass auch diese Bevorzugung zur Propaganda gehört. Bei der späteren Verrechnung mit seinem Partner bleibt dem Führer dann immer noch ein kleiner Wechselkursgewinn. Da die Stellen, in deren Dienst diese halbamtlichen Fremdenführer stehen, mit der Freigebigkeit der neugierigen Auswärtigen rechnen, können sie selbst ihre Leute mit einer knappen Entlohnung für ihren produktiven Müßiggang abspeisen, denn er ist ja keine anstrengende Tätigkeit. Nur in der Theorie sind Trinkgelder drüben als eine »menschenunwürdige kapitalistische Einrichtung« verpönt.

Eine Reise nach Potsdam und andere Kuriositäten

Dicht vor den Toren Berlins liegt die alte preußische Residenzstadt Potsdam. Die Berliner haben immer eine Vorliebe für dieses schöne, saubere, gepflegte Städtchen mit den vielen Schlössern und stattlichen Bauwerken zwischen den blitzblanken schlichten Bürgerhäusern gehabt. Hier gab es an allen Ecken und Enden gut konservierte Vergangenheit wie in einem Museum. Man hatte oft den Eindruck, die ganze Stadt mit ihren Bewohnern sei unter einen Glassturz gestellt und die Zeit sei darüber hinweggegangen.

Von Berlin-Stadtmitte bis nach Potsdam sind es keine zwanzig Kilometer. Von der Grenze Westberlins sind es nur hundert Schritte auf einer Brücke über die Havel. Kein Westberliner darf sie ohne besondere Genehmigung überqueren, denn Potsdam gehört zur »Deutschen Demokratischen Republik«. Wer von Westberlin nach drüben will, der braucht einen Erlaubnisschein.

Diese Erlaubnisscheine werden nur in besonders dringlichen Fällen ausgestellt. Was »besonders dringliche« Fälle sind, entscheiden die Männer, die der »Partei« ihre Posten verdanken. Eine Reise von Berlin bis New York berechnet man heute nach Stunden. Für die 6 000 Kilometer braucht man knapp zwanzig. Eine Reise von Westberlin nach Potsdam muss man nach Tagen berechnen. Man braucht dazu mindestens acht.

Zunächst ist bei einer Dienststelle in Ostberlin ein schriftlicher Antrag mit genauer Angabe der Gründe zu stellen, die eine solche Reise – vielleicht – rechtfertigen, und zwar persönlich, damit entsprechende Fragen sofort beantwortet werden können. Meist gleicht diese Befragung einem Verhör aus den Tagen der Inquisition. Wird der schriftliche Antrag auf Einreise in die DDR und einen Besuch Potsdams genehmigt, ist eine Gebühr von drei Ostmark fällig. Diese drei Ostmark müssen bei der Deutschen Notenbank mit entsprechender Begründung »gekauft« werden, und zwar für Westmark, die eins zu eins verrechnet wird. Gegen Zahlung der so erworbenen Ostmark wird die Genehmigung ausgehändigt. Nun kann die Reise nach Potsdam losgehen. Der Aufenthalt ist jedoch zeitlich begrenzt. Innerhalb von vierundzwanzig

Stunden muss sich der Besucher beim dortigen Bürgermeister-amt persönlich anmelden. Eine Quarantäne allerdings braucht er nicht über sich ergehen zu lassen. Wohl aber muss er sich hüten, Gedrucktes aus dem Westen bei sich zu tragen. Das nämlich hält man für schlimmer als Cholerabazillen.

Mit andern Zielen seiner Reisewünsche in die Zone ergeht es dem Westberliner nicht anders. Westberliner, die die Gräber ihrer Angehörigen auf Friedhöfen in der Zone besuchen wollen, können ohne Passierschein nicht einmal dieser Pflicht der Pietät genügen. Jahrelang drängten sich in den Tagen vor Totensonntag Tausende an den Ostberliner Passierscheinstellen und warteten geduldig, dass man ihnen gegen Vorlage des »Gräberscheins«, des Personalausweises und Zahlung von drei Ostmark (eins zu eins) den Passierschein ausstellte, der nur für den darauf ange-gebenen Tag gültig war. »Gräberscheine« sind die »beglaubigte Bescheinigung der zuständigen Kirchenbehörde über das per-sönliche Verhältnis des Antragstellers zur Grabstätte.« Auch das ist etwas, was es nur in Berlin und sonst nirgendwo in der Welt gibt. Da geht die Grenze nicht nur durch eine Stadt, sie geht auch durch die Herzen der Menschen.

Die Stadt der toten Bahnhöfe

Berlin war einmal die Stadt der Bahnhöfe. Schienenstränge von Nord und Süd, von Ost und West mündeten in den weiten, wenn auch unschönen Bahnhofshallen der Reichshauptstadt. Zehn Fernbahnhöfe besaß Berlin; sechs von ihnen waren Endstationen, die schon tief im Kern der Stadt lagen und sich um die alte City herum gruppierten. Einen Zentralbahnhof allerdings hatte es nie.

Der Anhalter Bahnhof war für die Berliner das »Tor in die blaue Ferne«. Ein durchgehender Zug fuhr von hier aus in den Süden, bis nach Rom. Ungefähr sechzig Züge verließen täglich die weite Halle, an deren Bau Heinrich Seidel, der Dichter des »Leberecht Hühnchen«, beteiligt war. Über die Bahnsteige, zwischen denen heute das Unkraut wuchert, wimmelten von früh bis spät an die 50 000 Menschen.

Stärker noch war der Betrieb auf dem Lehrter Bahnhof, von dem aus die Berliner nach Hamburg, an die Nordseeküste und an den Strand der westlichen Ostsee reisten. In der Saison rollten hundert Züge pro Tag aus dem gläsernen Gewölbe oder brachten Heimkehrende und Besucher in die Stadt. Auch der Potsdamer Bahnhof ließ den heftigen Pulsschlag des Weltverkehrs spüren. Zwischen dem deutschen Südosten und dem Schlesischen Bahnhof hin und her gingen die Züge, mit denen aus Breslau und den anderen schlesischen Städten und Dörfern die Menschen kamen, die im Schmelztiegel Berlin schnell »echte« Berliner wurden. Jetzt ist die alte Bezeichnung »Schlesischer Bahnhof« verpönt, denn die Provinz, die ihm den Namen gegeben hat, ist zurzeit eine Woiwodschaft. Er wird nun als »Ostbahnhof« auf dem Stadtplan geführt und ist das sauber herausgeputzte Aushängeschild der Ostzonen-Republik inmitten eines Stadtviertels, das sonst wenig Glanz aufzuweisen hat.

Dieser Ostbahnhof schickt seine Züge nach den Ostblockstaaten und empfängt, was von dort kommt. Von hier aus fährt der »Blaue Express«, dessen Ziel Moskau ist. Aber nur eine einzige Schnellzugstrecke kreuzt die Oder-Neiße-Linie; nur ein Tor ist offen nach Osten, und zwar bei Frankfurt an der Oder. Auf den

Schalter im Flughafen Tempelhof, Januar 1954.

Die Stadt der toten Bahnhöfe

Waggons stehen die Namen: Warszawa – Moskw – Irkutsk – Peking – Pjoengjang.

Neuerdings kann man vom Ostbahnhof aus auch ein paar Hauptstädte der freien Welt erreichen. Der Schwedenzug verbindet Ostberlin mit Stockholm, und nach Kopenhagen rollt täglich ein anderer Schnellzug wieder über Warnemünde-Gjedser, wie in früheren Zeiten. Wer diese Züge benutzen will, braucht ein Durchreisevisum für die Sowjetzone, die bekanntlich von Westdeutschen und Ausländern nur mit besonderer Genehmigung durchfahren oder betreten werden darf. Als jüngste Fernverbindung ist die Strecke Berlin-Wien aufgenommen worden. Der luxuriös ausgestattete »Vindobona-Schnelltriebwagen« durcheilt im Hundertkilometer-Durchschnittstempo drei Länder. Wer frühmorgens am Bahnhof Friedrichstraße einsteigt, ist in sechs Stunden in Prag, in zwölf Stunden in Wien, und er fährt dabei recht preiswert, denn alle Auslandsstrecken von Ostberlin sind verbilligt.

Der Stettiner Bahnhof hat seinen Namen ebenfalls ändern müssen; man hat ihn schlicht »Nordbahnhof« genannt. Er dient nur noch dem Vorortverkehr in nördlicher Richtung, und da deshalb mit ihm nicht viel Staat zu machen ist, hat man sich seinetwegen nicht in Unkosten gestürzt.

Für den in Westberlin gelegenen Görlitzer Bahnhof, von dem aus man einst nach Hirschberg und ins Waldenburger Bergland reiste, gibt es keine Verwendung mehr. Seine Linien greifen ins Leere, seine Schienenstränge sind demontiert, er ist ein totes Gehäuse, wie der Potsdamer und der Anhalter Bahnhof.

Berlin liegt abseits vom großen Weltverkehr. Das unaufhörliche Menschengewimmel auf den Fernbahnhöfen Alexanderplatz, Friedrichstraße, Zoo und Charlottenburg gibt es nicht mehr. Acht Interzonenzüge verlassen täglich Westberlin, und ebenso viele

Reisebus vor dem Ostbahnhof, April 1954.

kommen an. Sie verbinden Berlin mit Frankfurt, Hamburg, Köln und München. Aber ihre Passagiere verlieren sich in der Weiträumigkeit des Bahnhofs Zoo, der heute Westberlins wichtigster Fernbahnhof ist.

Für den Verlust seiner alten Bahnhöfe hat Westberlin einen neuen von völlig anderer Art bekommen. Für die Fahrgäste der Interzonenbusse, die Westberlin heute mit allen bedeutenden Städten und Reisezielen der Bundesrepublik und des Auslands verbinden, ist auf dem Stuttgarter Platz, vor dem Bahnhof Charlottenburg, ein Omnibusbahnhof errichtet worden.

Mehr Betriebsamkeit noch als auf diesem Omnibusbahnhof aber herrscht von früh bis spät im Zentralflughafen Tempelhof. In kurzen Abständen starten dort die Maschinen der Air France, der British European Airways und der Pan American World Airways. Und in gleicher Anzahl kommen sie auf den drei ihnen über dem Zonengebiet zugebilligten Luftkorridoren zurück und bringen Passagiere aus allen fünf Kontinenten in die Stadt. Vielen Westberlinern bleibt für Reisen in die westlichen Gebiete nur dieser Weg, der einzige, auf dem sie sich ihrer Freiheit sicher fühlen. In Bahn und Auto könnte man ihnen beim Durchfahren der Zone Schwierigkeiten machen; auch mancher, der ein blütenweißes Gewissen hat, setzt sich der kritischen Lupe des östlichen Fahndungsdienstes nicht gern aus.

Das Geräusch der Flugmotoren über den westlichen Stadtbezirken verstummt zu keiner Stunde des Tages. Es gibt den Berlinern die schöne Gewissheit, dass sie trotz ihrer Isolierung ein lebendiger Teil der großen Welt sind.

Auch Ostberlin hat seinen Flughafen. Von Schönefeld aus unterhalten Maschinen polnischer und sowjetischer Luftfahrtlinien die Verbindung der »DDR« mit den Zentren der Ostblockstaaten und verkehren auch die Flugzeuge der östlichen Deutschen Lufthansa in gleicher Richtung. Die Frequenz dieses Flughafens kann sich mit der seines westlichen Pendants nicht messen. Seine Anlagen sind bescheiden und ohne internationale Bedeutung. In der Hauptsache sind es offizielle Gäste, die dort landen und abfliegen. Wer von den gewöhnlichen Sterblichen in der Sowjetzone dürfte auch schon fliegen? Und wohin könnte er, da alle Linien nur den Weg nach Osten nehmen? Da fliegt gewiss nur hin, wer muss.

Wenn es auf den Fernbahnhöfen in Westberlin auch stiller geworden ist – das Karussell des interurbanen Verkehrs mit S- und U-Bahn, Straßenbahn und Autobus dreht sich heute nicht weniger schnell als früher. Die Berliner Verkehrs-Gesellschaft, kurz BVG genannt, ist das größte Nahverkehrsunternehmen Deutschlands. Ihre nahezu zweieinhalbtausend Fahrzeuge haben im letzten Jahr eine Strecke zurückgelegt, die dreitausend Mal so lang ist wie der Äquator. Befördert haben sie in dieser Zeit 646 Millionen Fahrgäste. Neue U-Bahnlinien erweitern das unterirdische Verkehrsnetz. Westberlin fährt fast ausnahmslos mit Autobussen neuen Typs. In Ostberlin klappern durchweg noch die Vorkriegsbusse über das Pflaster. So scheidet auch hier die Sektorengrenze in der Praxis Fortschritt und Rückstand.

Essen und Trinken hält
Leib und Seele zusammen

Essen und Trinken gehört zur Lebenskunst. Man kann den Berlinern nachrechnen, dass sie im Jahr mehr als sechs Milliarden Glas Bier durch ihre durstigen Kehlen jagen. Bedenkt man dabei, dass die echten Berliner fast immer »Lagentrinker« sind, das heißt, dass sie ihre Zeche mit einem Korn beginnen, bevor sie ihre »Molle kippen«, und in dieser Reihenfolge fortfahren, dann kommt ein schöner Alkoholverbrauch zusammen. Und doch hat der Berliner in dieser Beziehung den Vorkriegsstand noch nicht wieder erreicht und ist auch um einiges hinter dem zurück, was sich die Bundesrepublikaner hinter die Binde gießen, die inzwischen den Vorkriegsrekord gebrochen haben.

Aber mit Bier allein ist der Berliner nicht zufrieden. Es ist ihm, dem so lange nachgesagt wurde, vom Wein verstehe er nichts, so etwas wie eine Weinzunge gewachsen. Daran mag es wohl liegen, dass Berlin heute die größte Weinstadt Deutschlands ist. Während der jährlich gefeierten »Weinwoche« mit ihren festlichen Umzügen und ihrer nachdrücklichen Werbung für das edle Getränk erreicht der Konsum den Höhepunkt.

Die altbeliebte Brause, klar oder in allen Farben des Regenbogens, einst in vielen Buden feilgeboten, ist von andern Erfrischungen verdrängt worden. Wie schwer war es damals für Vater und Mutter, die Kinder an diesen Buden vorüberzuschleifen. Heute tut es ein »Eis am Stiel«, ein »Eisbit« oder ein »Bolle-Eis«. Eine dominierende Rolle spielt auch die erfrischende Coca-Cola.

Selbst die heimatliche »Weiße« sieht man nur noch selten vor richtigen Zechern stehen. Wenn man ihr irgendwo begegnet, dann sind es meist Frauen, die sie in sommerlicher Wärme zur Erfrischung genießen, und zwar als »Weiße mit Jefühl«, nämlich mit einem kleinen Schuss Himbeersaft. Männer bevorzugten ja immer die »Weiße mit Strippe«, in die ein Schuss Kümmel gehörte. Wer eine Berliner Weiße richtig genießen will, muss viel Geduld haben, denn es dauert schon eine gute Weile, bis der Schaum sich gesetzt hat, und es ist viel Schaum dabei. Nicht ohne Grund heißt es: »Halb Gischt, halb nischt.«

Bierangebot in einer HO-Imbissstube, März 1954.

Essen und Trinken hält Leib und Seele zusammen

Dass »Eisbein und Molle« zusammengehören und das Leibgericht des eingeborenen Berliners ist, weiß bis ins schwärzeste Afrika hinein wohl jedes Kind. So reich der Speisezettel des Berliners an feineren Gerichten ist, bei dem Wort »Eisbein« gerät er sozusagen in Verzückung; und wenn es mit einer Portion Sauerkohl und einem Schlag »Püreh« aus gelben Erbsen vor ihm auf dem Teller steht, dann kann man ihn mit keiner anderen Delikatesse zum Treubruch an diesem traditionellen Donnerstagsessen verführen.

Das größte Eisbeinessen in Berlin dürfte jüngst beim Richtfest des neuen »Zentrums am Zoo« stattgefunden haben. Tausend Schweine mussten ihre Hinterhaxen opfern, damit die zweitausend Eisbeine zusammenkamen, die den Arbeitern und Ehrengästen bei diesem großen Ereignis mit 10 000 Glas Bier und ebenso viel Korn aufgetischt wurden.

Es heißt, die Breslauer hätten das Eisbein bei ihrer Masseneinwanderung aus dem schlesischen Oderraum in Berlin eingeführt, weil die ortsüblichen »Buletten«, jene kalten Bollen aus Hackfleisch, Bratenresten und aufgeweichten alten »Schrippen«, in den Vitrinen der »Budiken« ihnen einesteils zu mager und anderteils nicht geheuer gewesen wären; Hellhörige hätten beim Essen ein leises Wiehern vernommen.

Kein Wunder, dass – als weitere Spezialität der Berliner Küchen – die »Kartoffelpuffer« zu einer Delikatesse entwickelt worden sind. Ist doch die Mark, als des Heiligen Römischen Reiches Streusandbüchse, ein Dorado der Kartoffelbauern. In volkreichen Stadtteilen gibt es neben den Bouillonkellern eigene Kartoffelpufferküchen, aus denen lockende Düfte dringen und sich in der ganzen Umgebung verbreiten. Natürlich darf eine Tasse Kaffee dazu nicht fehlen. Was das Schnitzel für den guten Verdiener, das ist der Kartoffelpuffer für den kleinen Mann.

Nicht nur die Kartoffeläcker, auch die Spreewälder Gurken-
plantagen liegen dicht vor den Toren Berlins und überschwemm-
men nach der Ernte die Stadt mit ihren »sauren Jurken«. Kaum
sind die Tönnchen geöffnet, werden die saftigen Gurken auf der
Straße aus der Hand verzehrt. Daheim isst man sie zum Rinder-
braten. Der Hausvater erzählt dann die Story von dem Speisewirt
Franck, dem diese Kombination zugeschrieben wird und der den
Gästen auf die Frage nach dem Kompott antwortete: »Saure Jur-
ke is ooch Kompott!«

Spreewälderischer Herkunft ist auch das köstliche Gericht
»Aal jrün mit Jurkensalat«. Ist Aal in dieser Form ein ausgespro-
chenes Sommergericht, so ist sein feister Bruder Karpfen ausersehen, die Tafel der Berliner am Silvesterabend zu bereichern,
wenn er, in einer Kasserolle mit Butter geschmort, mit einer Soße
aus Fischblut, Essig und Bier serviert wird. Er gehört ebenso zum
Jahresende wie die schwimmend in Schmalz gebackenen Pfannkuchen, die überall als »Berliner Pfannkuchen« gegessen werden,
obwohl sie mit Kuchen nichts gemein und nie eine Pfanne gesehen haben.

Der Berliner ist ein passionierter Straßenesser. Es schmeckt
ihm nicht nur am gut gedeckten Tisch, auch mit dem Papptab-
lettchen in der Hand und stehenden Fußes vermag er zu genießen,
was der Augenblick ihm bietet. Dringt ihm von irgendwoher der
pikante Schaschlikduft in die Nase, so ist er kaum zu halten. Die
Bude ist nah, der Gaumen kitzelt, die Mark für eine Portion immer
locker in der Tasche. Oft hängen in den Abend- und Nachtstun-
den ganze Trauben von Menschen aller Jahrgänge, Einzelgänger
und Pärchen, an den Theken der Würstchenbuden und knabbern
die knusprigen Fleischstückchen vom Stiel.

Das neumodische Schaschlik hat der traditionellen Bockwurst
aber keinen Abbruch getan. Sie ist noch immer so beliebt und be-

gehrt wie eh und je. Nur die Wurstmaxen mit dem dampfenden Kessel vorm Bauch sind weniger geworden. Sie haben sich vielfach schon eine Bude verdient, wo sie im Warmen stehen können und den Genuss ihrer Abnehmer nicht mehr mit den eigenen kalten Füßen bezahlen müssen. Nachtbummler sind ihre besten Kunden. Auf dem Wege von einem Lokal zum andern stärken sie sich durch ein paar Bissen in die handliche Bockwurst, die in einen Mostrich-klecks gestippt wird. Und dann geht es weiter ins Vergnügen.

In seiner Würstchenleidenschaft denkt der Berliner wenig lokalpatriotisch, denn der Konsum ist größer als die eigene Produktion. Dagegen finden die Havelkrebse, die ein einheimisches Produkt sind, wenig Liebe bei ihren menschlichen Landsleuten. Weit über eineinhalb Millionen dieser niedlichen Krabbeltiere gehen den Fischern alljährlich ins Netz. In der Mehrzahl machen sie die weite Reise nach Paris, wo sie konserviert ein willkommener Leckerbissen sind. Böse Zungen sagen, der Havelkrebs, der nur zwölf Zentimeter groß wird, sei zu klein für die große Schnauze der Berliner. Aber das ist eine Verleumdung. Früher waren die Oder-Krebse in Berlin ein vielgefragter Leckerbissen. Fliegende Händler zogen mit Körben voller krabbelnder Schalentiere durch die Straßen, und sie wurden sie im Handumdrehen los. Der Geschmack ändert sich eben.

Die Berliner schätzen ein gutes Essen als eine »jute Jabe Jottes«, und weil sie eine Vorliebe für den Buchstaben J haben, bekunden sie so viel Sympathie für einen Vogel, dessen Name damit beginnt. Es ist die »Jans«, besonders wenn sie »jut jebraten« auf den Tisch kommt. Sie essen gern gut und viel, und darum ist es kein Wunder, wenn die Westberliner allein jährlich mehr als 1,5 Milliarden für ihren Magen ausgeben.

Auf ein gutes Essen gehört in der ganzen Welt ein kräftiger Schnaps. In Berlin liefern ihn eigene Brennereien zu besonders billigen Preisen, denn hier ist die Spritsteuer niedriger als in der Bundesrepublik. Erstens, weil Westberlin Notstandsgebiet ist und man dort eher einen Schnaps zur Aufbesserung der Stimmung braucht als anderswo; zweitens, weil die unlautere Konkurrenz der volkseigenen Betriebe im Osten ihren Fusel zu Schleuderpreisen anbietet.

Ein Rausch ist in Westberlin für billiges Geld zu haben. Man beneide den Berliner nicht darum, er hat ein paar Schlucke von diesem flüssigen Optimismus oft bitter nötig.

Auch sanftere Getränke als dieses teuflische Gebräu spielen natürlich eine Rolle. Die Milchkühe von Westberlin sind freudig im Geben, aber ihre Quellen reichen nicht aus. Die westliche Stadthälfte konsumiert jährlich 150 Millionen Liter Milch, und den zehnten Teil davon lassen die einheimischen Wiederkäuer sich geduldig abzapfen; die übrige Menge muss dafür von weither geholt werden.

Im Verhältnis zur Kuhmilch steht das Bockbier bei den erwachsenen Berlinern in höherem Ansehen. Zu seinem festlichen Anstich versammeln sie sich scharenweise in den großen Vergnügungslokalen in der Hasenheide, dem volkstümlichen Amüsierzentrum des Westens. Die animierte Stimmung steht der der Münchener Massengelage und Maßkrugorgien mit Bock- und Märzenbier kaum nach. Da beweisen die Spreebürger, dass ihr Fassungsvermögen sich durchaus mit dem ihrer feindlichen Brüder an der Isar messen kann.

Auch jenseits der Sektorengrenze gilt der Satz: »Essen und Trinken hält Leib und Seele zusammen.« Aber er ist in einem Distrikt, in dem noch die Lebensmittelkarte aller Weisheit letzter Schluss ist, schwerer zu praktizieren. Man sagt dort, wenn vom gegenwärtigen Lebensstandard gesprochen wird – wie Muttern, wenn es sich um Klein-Lieschens Schürze handelt: »Oben 'n

Stücke abjeschnitten, unten 'n Stücke anjesetzt – immer noch zu kurz!«

In den Lokalen der HO gibt es keinen Frohsinn. Da herrscht meist eine Atmosphäre des Missvergnügens. Das fängt bei den mürrischen Kellnern an. Sie sind verdrossen, weil sie so oft nein sagen müssen, und die stereotype Antwort: »Ham wa nich!« auf viele Gästewünsche ist ihnen schon ins Gesicht geschrieben.

Das, was es an diesen staatlichen Erfrischungsorten nicht gibt, ist aber oft keineswegs Mangelware, sondern einfach Symptom einer Organisationspanne. In der Mitropa-Gaststätte am S-Bahnhof Schöneweide fordert der Gast eine Tasse Kakao. »Ham wa nich!« raunzt der Kellner, aber in jedem HO-Lebensmittelgeschäft ringsum gibt es mehr Kakao, als man bezahlen kann. »Bitte einen Tee mit Zitrone!« – »Zitrone ham wa nich ...«, bekommt der Besucher im »Guten Tip« am Bahnhof Stalinallee zu hören, obwohl die Schaufenster voller Zitronen liegen. In der Chausseestraße gibt es das HO-Cafe »Clou«. Ein Gast, der vormittags halb elf ein Frühstück mit Milch, Brot und Honig bestellt, erfährt von der ob solcher Wünsche überraschten Kellnerin: »Brot, ja Brot, das wäre wohl da ...« So wird dem Gast offenbar, dass in diesem Paradies nicht Milch und Honig fließen.

Überall wird getanzt – hüben und drüben

Man tanzt aus mancherlei Gründen. Kern der Sache aber ist das Vergnügen. Die Nachfrage nach diesem Vergnügen scheint in Berlin besonders stark zu sein. Das beweisen die unzähligen Tanzstätten, die es hier gibt. Es gibt Tanzflächen von einem Quadratmeter bis zu einem halben Quadratkilometer. Was sich darum herum aufbaut, stuft sich von der Kaschemme bis zum Tanzpalast.

Früher kamen Leute aus Minnesota, Illinois und Ohio und fragten, kaum dass sie die Koffer ausgepackt hatten, nach dem »Resi«. So hieß das Residenz-Casino an der Blumenstraße, hinter dem Alexanderplatz, im ältesten Berlin. Berliner und Fremde tanzten hier in einer farbigen Märchendekoration. Leuchtfontänen säumten die Tanzfläche, die niemals leer wurde. Zwei Orchester, auf Balkonen platziert, wechselten einander ab. Und die kleinen Fontänen mit den sich drehenden Glasgloben plätscherten diskret zur Musik. Durch die Kanäle der Rohrpost schossen Briefchen von Tisch zu Tisch, und durch den Draht der Tischtelefone, der unbedingt verschwiegen war, ging oft ein keckes, heiteres Wortgeplänkel. In Musik und Licht untertauchend vergaß eine animierte Menge ihren Alltag.

Das alte »Resi« im Osten ist ein Trümmerhaufen, aber sein Besitzer hat es an anderer Stelle wieder aufgebaut. In der Hasenheide ist es wieder eine echt berlinische Attraktion, die die Fremden sich nicht entgehen lassen und von der man wieder bis nach Minnesota, Illinois und Ohio spricht. Nicht nur die vielen vergnügungshungrigen Amis, die ihre dienstfreien Abendstunden dort mit ihren deutschen Girlfriends vertanzten, schwärmen in der Heimat vom »Resi«, auch der erste weibliche Bürgermeister Englands, Mrs. Hannah Harrison Rushford, zählt es zu seinen schönsten Erinnerungen.

Die intellektuelle Jugend Westberlins und alles, was sich dazu rechnet, tanzt in der »Badewanne« an der Nürnberger Straße. An das Quartier Latin erinnern vor allem die Texashemden der Jünglinge mit dünnen Kinnbärtchen und die Keilhosen und prallen Pullover der Teenager. Das Lokal ist ein Überbleibsel des eins-

Jugendliches Paar in Westberlin beim Rock'n'Roll, 1950.

Überall wird getanzt – hüben und drüben

tigen Tanzpalastes »Femina«. In der »Badewanne« steht Hot-Musik an erster Stelle, und die Jazzfans beherrschen das enge Feld. Zweimal in der Woche werden mit fanatischem Eifer Mambo-Preistänze ausgetragen, an zwei anderen Abenden toben die Boogie-Enthusiasten auf dem Parkett ihren Wettstreit aus. Einmal im Jahr wird mit viel Trubel und Getöse eine »Miss Intelligenz« gewählt.

Einen ziemlich echten Existentialistenkeller haben Berliner Jazz-Enthusiasten aus den Kreisen der Studenten und Oberschüler in der »Eierschale« am Breitenbachplatz in Dahlem etabliert. Höhepunkt ihrer Veranstaltungen ist der Karnevalsball »Mardi Gras« nach dem Vorbild des berühmten amerikanischen Faschingsvergnügens, das jedes Jahr in der Heimat des Jazz, New Orleans, gefeiert wird.

Von den dreihundert bis vierhundert Bällen in der Saison der Vorkriegszeit haben viele, wenn auch in anderm Maßstab, ihre Auferstehung erlebt. Heute wie eh und je seit vielen Jahrzehnten ist das große Ereignis der Saison der Presseball. Der Rahmen ist nicht mehr so prächtig wie früher. Selbst in schönster Dekorierung hat die Festhalle am Funkturm nicht die stimulierende Atmosphäre der Zoosäle, in denen sich einst die Menge der Besucher drängte; aber getanzt wird mit demselben Eifer wie damals. Die Berliner Haute Couture kleidet ihre schönsten Mannequins in die kostbarsten Modelle und mischt sie unter die Gäste. Die Stars vom Film kommen aus eigener Initiative. Sie wissen den Reklamewert solcher Veranstaltungen zu schätzen. Die Kommandanten der drei Westmächte erscheinen mit ihren Damen und ihren Stäben. Ihre Uniformen bringen koloristische Effekte und politische Akzente in das reizvolle gesellschaftliche Bild.

Opernbälle sind in aller Welt berühmt, und die Opernhäuser schmücken sich für diesen Tag so schön sie können. Mit Blumen natürlich. Mit dem Westberliner Opernhaus an der Kantstraße ist nicht viel Staat zu machen. Mit prachtvollen Dekorationen verkleidet man die angestaubten Wände des bejahrten früheren »Theaters des Westens« für das Fest, das jedes Mal mit großem Glanz begangen wird. Der Andrang ist so stark, dass die ersten Kartenbestellungen für den Ball im nächsten Jahr eingehen, kaum dass die Spuren des letzten Balles beseitigt sind. In den Wochen vor dem großen Ereignis werden die Eintrittskarten zu Schwarzmarktpreisen gehandelt. Der Opernball gibt sich alle Mühe, der eleganteste und festlichste der Saison zu sein. Der teuerste jedenfalls ist er. Solisten der Oper, die Ballerinen und das ganze Corps de ballet bedienen die Gäste an diesem Abend. Man kann sich bei der »Salome« und der »Aida« oder der »Isolde« einen Schwips holen. Man kann an der Tombola gewinnen, aber man muss auch die Beine anstrengen, entweder beim Tanzen auf der Bühne und im Parkett oder beim Treppensteigen durch die drei Ränge. Doch alles, was zu »Tout Berlin« zählt, ist dabei. Weniger gefragt in den Kreisen der festfreudigen Berliner ist der »Filmball«. Sie überlassen diese Prominentenschau den Leuten, die ihr Ideal von der Leinwand einmal im Abstand von wenigen Metern leibhaft und nicht nur zweidimensional sehen möchten. Dazwischen tanzen sie dann. Für sie ist es ein Vergnügen; für die Filmprominenz, die mit ihrem süßesten Reklamelächeln dasitzt oder sich zwischen ihren Verehrern und Verehrerinnen bewegt und sich nach ihrem Bett sehnt, ist es unentbehrliche Propaganda.

In Berlin geht der Fasching über den Aschermittwoch hinaus, und erst der Vorfrühling macht den Bällen ein Ende. Maskenbälle sind völlig aus der Mode gekommen. Wozu soll man sich auch in einer Großstadt mit mehreren Millionen Bewohnern noch eine Larve vor das Gesicht binden, damit man nicht erkannt wird? Hier kennt ja ohnedies keiner den anderen.

Typisch für die Berliner Faschingsbälle ist der Krach. Ohne viel Krach kein Vergnügen. Wer den Karneval in Köln und in München erlebt hat, der findet den Berliner Karneval ernüchternd; um in die richtige Stimmung zu kommen, brauchen die Menschen ein bisschen Auftrieb, ein bisschen Pfeffer. Das erreicht man hier nur durch Rummel, durch Lärm, durch Alkohol. Doch die Berliner sind immer praktische Leute. Sie jubilieren am Karneval nicht wie anderswo drei Tage lang hintereinander, um am Aschermittwoch ihren Kater pflegen zu müssen. Sogar den Rosenmontagszug lassen sie am Sonntag laufen, um keinen Arbeitstag zu verlieren.

Den Reigen der Akademiebälle eröffnet die »Laterna magica« der Meisterschule für das Kunsthandwerk. Drei Tage lang tobt das junge und reifere närrische Volk durch die vier Stockwerke bei heißer Musik und in tropischer Hitze. Wie bei den andern akademischen Bällen verbinden die Studenten hier das Angenehme mit dem Nützlichen. Sie amüsieren sich und andere und benutzen den erheblichen Reingewinn, um unterstützungsbedürftigen Kommilitonen hilfreich unter die Arme zu greifen.

Ins Marshallhaus auf dem Messegelände ziehen die Bildenden Künstler ein. Wenn ihre »Bunte Laterne« leuchtet, dann geht es immer hoch her. Im Casino am Funkturm gibt es den »Wolkenball« der Karikaturisten. Die Ingenieurschule für Bauwesen feiert fünf Tage lang und nennt ihren Ball »Der springende Punkt«. Vier Tage, mit einem Tag Pause dazwischen, dauert der »Schräge Zinnober« der Hochschule für Bildende Künste. So geht es weiter, Wochenende für Wochenende von Januar bis März. Da spielt Berlin verrückt.

Man ist nicht mehr so hektisch wie in den vergangenen Jahren, aber die neuen Tänze sorgen schon dafür, dass das Klima dieser Nächte nicht zu gemäßigt ist. Die Kostüme werden von Jahr zu Jahr gewählter und origineller.

Im größten Saalbau Berlins, der auf den Fundamenten des traditionsreichen Vergnügungslokals »Neue Welt« in der Hasenheide aufgebaut ist, gibt es wieder den berühmten »Zille-Ball«. Zu ihm erscheinen die Gäste als Zille-Typen. Dreitausend Personen können in den neuen Räumen vergnügt sein und tanzen und ein Stück alten Berlins für ein paar Stunden wieder aufleben lassen.

Die »Neue Welt« wird auch nach der Faschingszeit keinen Stillstand kennenlernen. Was die Reeperbahn für Hamburg, das ist sie mit Rutschbahn und Ochsenbraterei, mit Bergpanorama und Alpenglühen, mit Bayernkapelle und großem Tanzorchester für Westberlin. Und auch die Gäste fehlen nicht. Sie können sogar, wenn es wieder warm ist, in einem Sommergarten unter alten Bäumen sitzen. Für 4000 Personen hat er Platz. Auch die Provinzler, die heute Zonenbewohner sind, werden sich einstellen, selbst wenn sie in ihren Zeitungen nichts über die »Neue Welt« in der Hasenheide finden; aber es spricht sich herum, dass es sie wieder gibt. Und das ist etwas, was sie nicht haben.

Seit ein paar Jahren allerdings führt die Ostberliner HO einen neuen Artikel, der bis dahin nicht vorgesehen war. Sie verkauft »Freude«. Eines Tages kam der parteiamtliche Befehl, in den Stadtbezirken des »demokratischen Sektors von Berlin« Nachtlokale und Tanzgaststätten zu eröffnen – natürlich unter den Fittichen der HO. Flugs gab es eine ganze Reihe solcher Lokale für Leute, die der Ansicht waren, dass auch eine volksdemokratische Nacht nicht allein zum Schlafen da sei. Und damit die Ostberliner nicht lange auf die Suche gehen mussten, veröffentlichte ihre Presse sogar die Adressen der Lokale. Von abends zwanzig Uhr bis morgens drei und fünf Uhr kann man dort einkehren, essen, trinken und tanzen.

Die Tanzgaststätten mit so attraktiven Namen wie »Casino«, »Rheinterrassen«, »Melodie«, »Ganymed«, »Bärenschenke«,

»Meisterkrug«, »Clou« liegen meist in der alten City und riechen noch etwas neu. In einigen gibt es sogar kabarettistische Einlagen von etwa dreißig Minuten Dauer. Aber das Kabarett lockt nur wenige Besucher an, denn man kennt längst die alten Witze, die man dort zu hören bekommt. Was anzieht, ist der Tanz. Die Tanzleidenschaft kennt keine trennende Sektorengrenze. Jenseits des Brandenburger Tores ist sie nicht geringer als im Westen. Aber was hier erlaubt ist, ist dort verboten. Boogie-Woogie und alle anderen offenen Tänze stehen auf der schwarzen Liste. Wer über die Schwelle eines ostsektoralen Tanzlokals tritt, dem verkündet es ein grellrotes Plakat. Eins dieser Tanzlokale nennt sich »Grand Café« und liegt in der Friedrichstraße. Ein livrierter Portier kassiert an der Tür den Obolus. Wer zeitig kommt, findet auch schnell einen Platz an einem der weiß gedeckten Tische, die im Halbkreis um die spiegelnde Tanzfläche aufgebaut sind. Unter der Decke baumeln Papiergirlanden. Rote und weiße Pappherzen deuten an, dass Amor von dieser Stätte nicht verbannt ist und dass hier auch von Liebe gesprochen werden darf. Zwischen das Zivil der jugendlichen Gäste mischen sich die Uniformen der Nationalarmee und der Volkspolizei. Eine rechte Stimmung will nicht aufkommen, und von Fröhlichkeit merkt man nicht viel. Es fehlt an Weiblichkeit. Die Zivilisten, die in der Mehrzahl mit Partnerin erschienen sind, zeigen keine Neigung, den Uniformierten ihre Tänzerin einmal abzutreten.

Noch sind die heißen Tänze in der DDR verboten, aber schon dämmert es auch dort, und vielleicht wird man bald entdecken, dass sie gar so verderblich und jugendgefährdend nicht sind. Einen Schritt in dieser Richtung hat man drüben schon getan. Tanzkunde ist neben dem Unterricht in dialektischem Materialismus als Lehrfach in die Vorbereitungskurse für die kommunistische »Jugendweihe« aufgenommen worden. Vom Walzer ist man schon bis zum Rumba vorgedrungen, und von da ist es nicht weit zum Dixie, zum Boogie-Woogie und zum Rock and Roll, den die Berliner so anschaulich definieren: »Er packt se bei'n Rock und rollt se durch 'n Saal«.

Kein Pflaster für Casanovas

Seit Tucholsky die Berlinerin als »Mutterns Beste« bezeichnet hat, ist sie ein wenig als hausbackener Typ abgestempelt. Wer sie so betrachtet, übersieht ihre reichen Variationsmöglichkeiten. Die Großstadt formte sie und gab ihr das Gepräge. Und die Männerwelt bestätigte ihr den Erfolg mit der wohlgefälligen Feststellung: »Die is joldrichtig!«

Im Büro ist die Berlinerin korrekt und eine zuverlässige Mitarbeiterin. In der Fabrik wird ihr Arbeitseifer geschätzt. Im Geschäft macht ihre Liebenswürdigkeit sie angenehm. Ihr Charme und ihr Chic machen sie zum begehrten Mannequin. Im Betrieb, im Hause und auf der Straße ist sie jeder Situation gewachsen. Äußere Behendigkeit und innere Beweglichkeit geben ihr Anmut und Rasse.

Und ihre äußere Erscheinung? Der weitgereiste amerikanische Romanschriftsteller Joseph Hergesheimer bezeichnete Berlin als die Stadt mit den hübschesten Mädchen, die er je gesehen. Das ist ein hohes Lob und bezieht sich auf den guten Geschmack, mit dem die Berlinerin sich kleidet und ihr Make-up besorgt. Der Berliner sagt dasselbe wie der Amerikaner, nur mit andern Worten. Bei ihm lautet die schmunzelnde Feststellung: »Meechens zum Anknabbern!«

Leidenschaftlich akzeptierte die Berlinerin die Pullovermode, die es ihr erlaubt, zu beweisen, dass sie mit Gina Lollobrigida und Marylin Monroe konkurrieren kann. Im modernen Teenager, der auf saloppen Ballerinenschuhen oder eleganten Stöckeln, in Keilhose oder kokettem Flatterrock durch die Straßen tänzelt, kurzgelockt oder mit »Pferdeschwanz«, gipfelt ihre Jugendfrische, der Schlagfertigkeit und Witz das geistige Relief geben.

Die Eigenart der Berlinerin ist kaum märkisches Wachstum. Sie ist das Produkt der Mischung. Aus allen deutschen Provinzen und Ländern stammen die Mütter der Berlinerin, und Kreuzungen ergeben bekanntlich Edelgewächse.

In der Berlinerin ist alles drin, von der Trümmerfrau mit den schwieligen und schrundigen Fäusten bis zur Dame mit den manikürten Fingern. Sie ist das Non-plus-ultra der Anpassungsfähigkeit. Den Rutsch vom Wedding zum Grunewald vollzieht sie in ihrer gesellschaftlichen Wandlungsfähigkeit, ohne dass man merkt, woher sie kommt. Allenfalls ihr Vokabularium verrät sie, aber auch da lernt sie schnell um, und was anfangs noch nach »frisierter Schnauze« klingt, wird in kurzer Zeit ganz natürlich. Selten nur gerät sie bei ihrer Sprechfreudigkeit und schnellen Zunge noch einmal in die Fallstricke des Dialekts. Doch solches Malheur korrigiert sie mühelos mit ihrem Mutterwitz.

Ein Drittel aller Berlinerinnen ist berufstätig. Da es im Durchschnitt für vier Frauen nur drei Männer gibt, können sehr viele nicht damit rechnen, einmal die Berufsarbeit an den Nagel hängen zu dürfen. Selbst wenn sie heiraten, müssen sie meist helfen, den Lebensunterhalt zu verdienen, wollen sie sich nicht allzu sehr einschränken. Bei den jüngeren Jahrgängen wird das Zahlenverhältnis zwischen Männern und Frauen günstiger, und unter dem fünfundzwanzigsten Lebensjahr ist es annähernd ausgeglichen.

Für Frauen scheint die Berliner Luft gesünder und konservierender zu sein als für die Männer. Mehr als 27 000 Frauen in Westberlin haben das achtzigste Lebensjahr überschritten. Fünf haben es gegenwärtig sogar schon auf mehr als hundert Jahre gebracht, ein Rekord, auf den sich derzeit kein Mann berufen kann. Nur 8 000 männliche Westberliner haben das patriarchalische Alter von 80 erreicht.

Dass die Berlinerin begehrenswert ist, haben ihr nüchterne Statistiker und schwärmerische Poeten oft genug bezeugt. In den Wunschträumen heiratslustiger Junggesellen in allen Erdteilen spielt die Berlinerin eine wichtige Rolle. Auf dem Schreibtisch des Regierenden Bürgermeisters häufen sich Briefe aus aller Welt, in denen Männer, die sich einsam fühlen, um die Adresse einer jungen Berlinerin bitten, die bereit wäre, sie zu heiraten. Die Berlinerin könnte sich auf diese Fernwirkung etwas einbilden, aber sie bewahrt kühles Blut. So leicht erliegt sie der Lockung der Ferne nicht, und auf Wagnisse lässt sie sich ungern ein.

Natürlich weiß sie sich auch in der eigenen Stadt geschätzt. Gerhart Hauptmann schrieb ihr mit seiner fadendünnen Schrift bewunderungsvoll ins Stammbuch: »Die Berlinerin ist das lebendigste, lustigste, liebenswürdigste, klügste, treueste, pikanteste, edelste, verständnisvollste, schönste und reizvollste Geschöpf der ganzen bewohnten Erde. Erscheint das jemand zuviel gesagt, so mag er von den hier angewandten Eigenschaftswörtern fünf oder sechs streichen, und es bleibt immer noch genug!«

Die Berlinerin von heute ist musischer als ihre Vorfahrin. Sie überflügelt auch die Berliner an künstlerischem Interesse. In den Konzertsälen trifft man weit mehr Frauen als Männer. In Bahnen und Bussen begegnet man den Frauen mit Büchern in der Hand beim Lesen, während die meisten Männer ihre Nase in die Luft oder in die Zeitung stecken. Die Frauen sind die eifrigsten Theaterbesucher, und ohne sie gäbe es gewiss nicht so viele Kinos.

Eine Angestellte der Amerika-Gedenkbibliothek beim Ausstellen der ersten Leseausweise, September 1954.

Kein Pflaster für Casanovas

Die Berlinerin ist überall da, wo Berlins Pulse schlagen. Als »Klammerbraut« saust sie auf dem Soziussitz ihres Freundes durch die Gegend, als »Zitterjule« hockt sie im nussschalengroßen Beiwagen und hält in den Kurven die Balance. Auf der Segeljolle macht sie den »Fockaffen« und tritt energisch im Schwarm der Sonntagsradler auf die Pedale.

Mit der gleichen Umsicht, mit der sie am Volant ihren Pkw durch den turbulenten Verkehr steuert, schiebt sie ihren Kinderwagen durch die Anlagen. Im Kino ist sie für das Gefühlvolle, aber ehe sie »Rotz, Wasser und Dreierschrippen heult«, muss es auf der Leinwand schon sehr herzergreifend zugehen. Zu Hause hat sie die feinste Witterung für die Launen des Ehemannes und hält sich weise im Hintergrund, um es nicht dahin kommen zu lassen, dass »der Haussegen schief hängt«. Streitsüchtig ist sie niemals, allenfalls etwas robust im Umgang mit ihren Rivalinnen während der Kampftage des Saisonausverkaufs, wenn sie Seite an Seite mit ihren Geschlechtsgenossinnen in starker Phalanx die Pforten der Warenhäuser stürmt.

Mit Grazie trägt sie, was die Mode vorschreibt, aber sie trägt ihre Kleider nicht als weibliche Uniform. Sie wählt sie mit sicherem Gefühl für das, was ihr steht. Mit einem Accessoire, einer modischen Kleinigkeit, die nicht einmal kostbar oder teuer zu sein braucht, gibt sie ihrem Dress eine charakteristische Note. Das macht ihr Äußeres immer so reizvoll, auch dann, wenn sie nicht schön ist. Sie ist eben mit allen Anlagen zur Weltdame eine hochkarätige Weltstadtfrau geworden.

Von ihr verlangt aber auch niemand, dass sie sich als Mutter am 1. Mai mit ihrem Baby im Kinderwagen an Demonstrationen beteiligt oder als FDJ-Mädel mit umgehängtem Karabiner hinter den Soldaten der Nationalen Volksarmee und den bewaffneten »Betriebskampfgruppen« marschiert. In der Tracht der als

»Krankenschwestern« getarnten »roten Blitzmädel« präsentiert die junge Ostberlinerin sich immerhin netter und anziehender als in den Knobelbechern der weiblichen Volkspolizei. Frau zu sein, lässt man ihr herzlich wenig Zeit, und für alles, was Natur und Wesen einer Frau ausmachen, ist kein Raum vorgesehen im Aufbauprogramm des Arbeiter- und Bauernstaates. Gefühl ist Konterbande, aber bewährt sie sich als Aktivistin, kann sie mit Prämien und Orden rechnen. Die Gleichberechtigung, die der Staat ihr zuerkannt hat, bekommt die Ostberlinerin mehr von der negativen als der positiven Seite zu spüren. Sie muss oft Arbeiten verrichten, die männliche Kraft und Ausdauer erfordern. Der Fünfjahresplan muss erfüllt werden, koste es, was es wolle, und wenn der eine dann erfüllt ist, kommt der nächste.

Bis vor ein paar Jahren konnte der Fremde an der Kleidung der Passanten auf den ersten Blick erkennen, ob er sich im Westen oder Osten Berlins befand. So scharf sind heute die Kontraste nicht mehr. Es gibt auch drüben schon besser angezogene Frauen und nett gekleidete Mädchen.

Mehrfach in der letzten Zeit ist es bei Ostberliner Modeschauen zu kleinen Revolten gekommen, bei denen allerdings die schärfsten weiblichen Waffen zur Anwendung kamen: Spottworte und höhnisches Gelächter. Einmal fanden sich sogar 8 000 interessierte Ostberlinerinnen, die neugierig darauf waren, was ihnen bei einem Internationalen Modewettbewerb der Ostblockstaaten ihre eigenen Modeschöpfer zu zeigen hatten, in der riesigen Seelenbinder-Halle ein. Die Veranstaltung wurde zu einer großen Blamage für die Ostsektorale »Haute Couture«. Mit ein paar ausgefallenen Kreationen, einigen exklusiven Abendkleidern, Kopien nach Kurfürstendamm-Schaustücken, konnte sie noch einigermaßen bestehen; was aber dann kam, erregte wilde Heiterkeit bei den schaulustigen Damen. Nicht einmal die reizenden Namen der

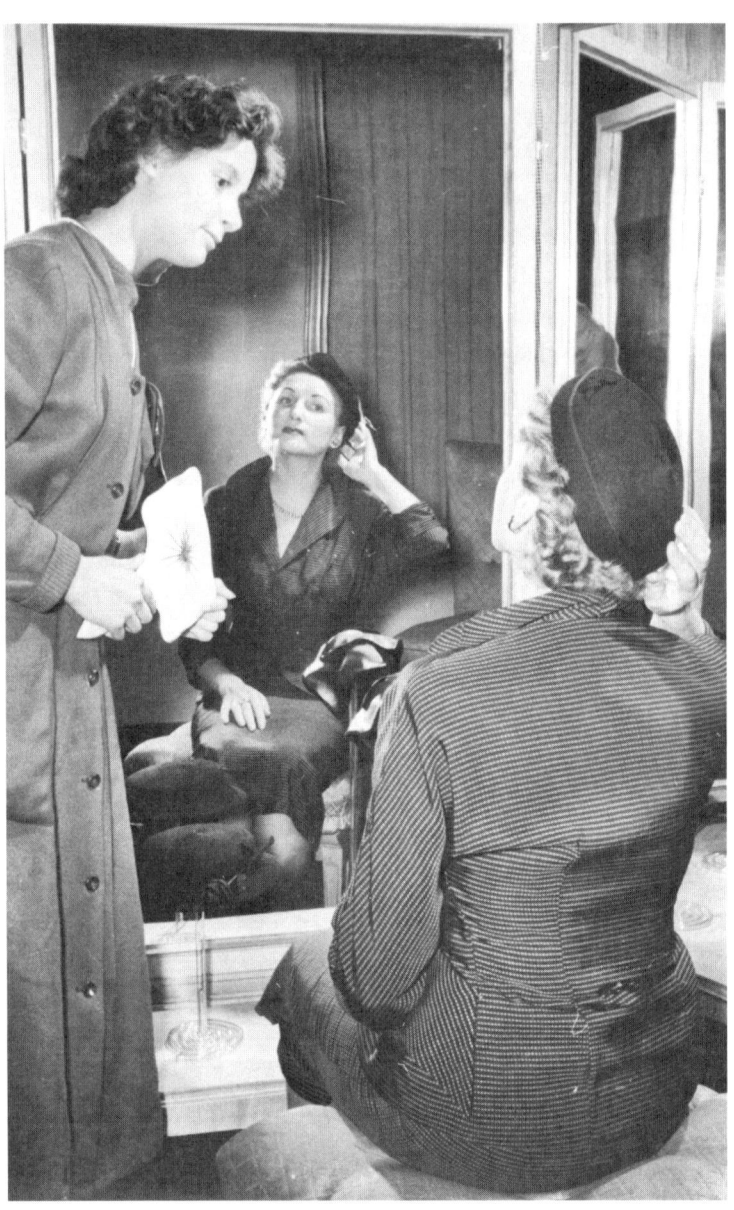

Im HO-Hutsalon in der Stalinallee, Oktober 1954.

Kein Pflaster für Casanovas

Modelle beeindruckten sie. Und es war doch von der »Traktoristin« bis zum »Abendglöckchen« mancherlei vertreten.

Wirklich gut angezogen sind bei festlichen Veranstaltungen nur die Damen der großen Funktionäre. Nicht etwa weil sie einen besonders guten Geschmack hätten. Sie reisen einfach nach Prag und lassen sich dort einkleiden. In den Oststaaten nämlich ist man in Modefragen weniger »linientreu«, und die volksdemokratischen Modelle sind nach dem letzten Schrei von Paris, Rom und Westberlin orientiert.

Ob aus Ost oder West, die Berlinerin hat vor allem in den schweren Zeiten nach dem Zusammenbruch bewiesen, wie sie zupacken kann, wenn es nottut. Niemals ließ sie sich unterkriegen. Man sieht es ihnen heute nicht mehr an, wie wenig sie damals an sich selbst dachten. Sie haben es weggewischt wie alles, was Vergangenheit ist, denn sie blicken nicht gern zurück in dunkle Zeiten, sondern vorwärts ins Helle.

Auf die Frage nach der Liebe in Berlin gibt es vielerlei Antworten. Eine zuverlässige Auskunft darüber könnte die Normaluhr am Bahnhof Zoo geben. Aber sie lässt nur geduldig ihre Zeiger über das Zifferblatt laufen und schweigt. Öfter als sie in ihrem Dasein Minuten angezeigt hat, blickte sie auf die Liebespaare herab, die sich unter ihr an der lebhaften Ecke der Hardenbergstraße verabredet hatten und aufeinander warteten. Wie oft richtete ein verzweifelter ER den Blick hinauf nach dem unerbittlich weiterrückenden Minutenzeiger, wenn SIE sich verspätete! Wie oft zog ein ER betrübt ab, weil SIE ihn versetzte!

Man könnte denken, dass man in Berlin nicht anders liebt als in den vielen übrigen Städten der Welt. Doch das stimmt nicht. Berlin ist die Stadt der Sachlichkeit, der Skepsis, der kühlen Vernunft. Das gibt auch der Liebe ihr Signum.

Die Sprödigkeit der Berlinerin ist keine Ziererei und ihre

Nachgiebigkeit keine Hemmungslosigkeit. Sie weiß immer genau, was sie will. Ihr Nein ist keine taktische Plänkelei, keine geschickt getarnte Kriegslist. Die Berlinerin ist durch Galanterie nicht verwöhnt, denn die Männer, mit denen sie in Berührung kommt, sind durchaus keine romantischen Schwärmer. Sie gehen gerade auf ihr Ziel los und lieben keine Umschweife. Sie schreiben keine Liebesbriefe, nicht einmal auf der Schreibmaschine, sondern greifen zum Hörer und verabreden in präzisen Worten ein Rendezvouz. Das biblische Prinzip: »Er soll dein Herr sein ...« geistert noch irgendwo in diesen Beziehungen zwischen Mann und Frau.

Wenn man sonntagmorgens in der Dämmerstunde durch Berliner Straßen geht, dann sieht man vielfach, wie Haustüren sich öffnen und junge Männer von ihren Freundinnen mit einem letzten Kuss verabschiedet werden, um schnell zu entschwinden. Es ist die Zeit, in der der Hausmeister noch in den Federn liegt und nicht kontrollieren kann, wer das Haus verlässt. Der Sonnabend ist der Tag der Liebe, und die Nacht zwischen Sonnabend und Sonntag ist voll von leisen Barcarolen.

So wenig der Berliner zum Kavalier taugt, so wenig entspricht er dem Bilde, das Lästerzungen von ihm entwerfen. Sie haben ihm nachgesagt, er sei mehr ein eiliger als stürmischer Liebhaber und ziehe sich zurück, wenn er die Gunst der Schönen nicht im ersten Anlauf erringe, denn er wolle sich die Sache nicht »Zu viel Rollgeld kosten lassen«. Trotz allem charakterisiert die dem Berliner nachgesagte Schnoddrigkeit doch ein wenig sein sachliches Verhältnis zum Objekt seiner erotischen Wünsche.

Auch die Berlinerin ist in der Liebe unpathetisch und liebt keine Übertreibungen. Sollte ein Anbeter sich zu den Worten versteigen: »Für Sie gehe ich bis ans Ende der Welt!«, weil er das einmal im Kino so gehört oder in einer Illustrierten gelesen hat, dann wird er wahrscheinlich zu hören bekommen: »Is jut, denn

können Se mir 'n paar Pfund brasilianischen Kaffee mitbringen.«
Selbst eine weit weniger schwülstige Beteuerung pariert sie mit
der ernüchternden Antwort: »Bleiben Se man auf'm Teppich,
junger Mann!« Eine kalte Abfuhr aber formuliert sie in dem lapidaren Satz: »Mensch, bei Ihnen piept's woll!« Damit ist dann
jeder Anknüpfungsversuch radikal abgeblasen.

Liebestragödien sind in Berlin heute eine Ausnahme. Liebes-
kummer zu haben, ist nicht mehr modern. Man hat hier das beste
Mittel gegen Enttäuschungen in der Liebe gefunden und trauert
dem Verlorenen nicht lange nach. Immerhin gehört Berlin zu
den Städten, in denen der große Liebeskünstler und Ladykiller
Giacomo Casanova sich keines amourösen Abenteuers rühmen
konnte. Er imponierte – wie Kurt Tucholsky in seinem Hymnus
feststellt – der Berlinerin nicht. Heute wie einst ist sie skeptisch.
Doch ihr Herz ist nicht von Stein. Wer den rechten Ton zu treffen
weiß, den wird sie unter der Normaluhr am Zoo nicht vergeblich
warten lassen.

Das gute Herz von Berlin

Wer sich in Berlin langweilt und nicht weiß, was er unternehmen
könnte, der braucht nur ans Telefon zu gehen und die Nummer
256 zu wählen. Es meldet sich eine sympathische Frauenstimme,
die im Wechsel mit einem männlichen Bariton dem Anfrager
Hinweise auf Westberliner Veranstaltungen gibt. Man erfährt,
was das Vergnügungsprogramm an kulturellen, künstlerischen,
sportlichen und gesellschaftlichen Veranstaltungen zu bieten hat.

Eine andere Nummer gibt dem Musikfreund, der sein Instrument stimmen möchte, den Kammerton a an. Der Hausfrau, deren Phantasie einmal bei der Aufstellung des Speisezettels versagt, wird, wenn sie die Nummer des Küchendienstes abzieht, liebenswürdig soufliert. An alles hat die Post gedacht. Ob man neugierig auf das Wetter oder auf die Temperatur ist, ob man wissen will, wie spät es ist, ob man erfahren möchte, was man beim Toto gewonnen oder was sich in der Welt ereignet hat, alles weiß die Post, und über alles gibt sie bereitwillig Auskunft.

Nicht auf der Liste ihres Sonderdienstes aber steht eine Nummer, die vielleicht wichtiger ist als all die vielen tausend Nummern des dicken gelben Telefonbuchs. Es ist die Nummer eines privaten Anschlusses mit sechs Ziffern, und der Teilnehmer ist anonym. Dennoch gehört diese Nummer zu denen, die wohl am meisten gewählt werden und die oft stundenlang besetzt sind. Es ist die Nummer einer Gruppe von Berlinern, die sich die telefonische Betreuung Lebensmüder zur Aufgabe gemacht hat. Niemand ruft vergeblich an. Immer ist jemand da und wartet auf die SOS-Rufe, um einem Verzweifelten zu raten und zu helfen. Geistliche, Ärzte, Psychologen, Pädagogen und Juristen wirken hier als ehrenamtliche Helfer. Die Hilfsbedürftigen stammen aus allen Schichten der Bevölkerung. Die Anrufe kommen nicht nur aus Westberlin. Auch aus der Bundesrepublik suchen Männer und Frauen, alte und junge Menschen Rat und Hilfe, telefonisch oder brieflich, denn es genügt, einfach die Telefonnummer auf die Umschläge zu schreiben, und sie kommen in die richtigen Hände. Selbst Bewohner aus Ostberlin und der Sowjetzone melden sich mit ihren Kümmernissen.

Lebensmüdenbetreuung und telefonische Seelsorge sind segensreiche und unentbehrliche Einrichtungen in einer so gewaltigen Menschensiedlung wie Berlin. Die Akten dieser philanth-

ropischen Organisation ohne bürokratischen Apparat aber sind
Dokumente der großen Tragödie menschlicher Verlorenheit.

Ein junges Mädchen, das ein Kind erwartet und deshalb von
den Eltern aus dem Hause gejagt worden ist, will sein Leben enden. In einer Unterredung auf der Beratungsstelle für Lebensmü-
de kommt es zur Aussöhnung zwischen Eltern und Tochter.

Ein Geschäftsmann steht vor dem Bankrott. Unter der erdrü-
ckenden Last seiner Schulden entschließt er sich zum letzten Aus-
weg, bei dem der Tod einen Strich durch das Schuldkonto macht.
Eine letzte vage Hoffnung ist der telefonische Rat der selbstlosen
Helfer, und sie erfüllt sich. Man bringt den Lebensmüden von seinem verzweifelten Entschluss ab, indem man ihm versichert, mit
seinen Gläubigern zu verhandeln.

So werden oft wirtschaftliche und seelische Konflikte schwer
gefährdeter Menschen gelöst und diese dem Leben erhalten, das
vielleicht doch noch ein echtes Glück für sie bereithält.

Glücksbringer anderer Art wollen die jungen Menschen sein,
die sich in verschiedenen Berliner Stadtteilen zusammengefunden
haben, um alten hilfsbedürftigen Leuten zu helfen. Zupacken, wo
es nötig ist! So lautet ihre Devise, und sie drücken sich um keine
Arbeit. In der freien Zeit, die Beruf und Schule ihnen lassen, betreuen sie alte und kranke Mitbürger. Da wird in einer Wohnung
geschrubbt und gestöbert. Alte Kisten und Bretter werden gesammelt und zu Brennholz zerhackt, damit das Feuer im Ofen nicht
ausgeht. Es werden den Gehbehinderten Gänge zu den Behörden
abgenommen, Zeitschriften und Bücher zusammengebettelt, um
die an ihre Stube gefesselten Alten mit Lesestoff zu versorgen;
wenn die Augen nicht mehr recht wollen, liest man ihnen in den
Abendstunden etwas vor oder plaudert mit ihnen, damit sie ihr
Alleinsein vergessen. Kranke werden von den Mitgliedern der
»Patengruppe für Hilfsbedürftige«, wie sie sich im Bezirk Kreuz-

berg nennen, gepflegt. Jungen und Mädchen gehören der Gruppe an und wetteifern miteinander. Wenn einer der Schutzbefohlenen Geburtstag hat, dann wird zusammengelegt, damit der Kuchen auf der sauberen Kaffeetafel und die Blumen in der Vase nicht fehlen. In der Weihnachtszeit haben sie alle Hände voll zu tun, dass keiner der Betreuten ohne eine Gabe und einen Tannenzweig mit brennenden Kerzen bleibt.

Treffpunkt dieser guten Geister sind die »Häuser der Jugend« die sich als echte Pflegestätten der Kameradschaft erwiesen haben und den finanziellen Aufwand lohnen, den sie erfordern. Die eifrigen Helfer warten nicht darauf, dass sie gerufen werden; sie halten Augen und Ohren offen, und wo sie von einem Hilfsbedürftigen erfahren, da stellen sie sich auch unaufgefordert ein und bieten ihre Kräfte an, in Kreuzberg, in Steglitz und anderswo in Westberlin. Über müßige Stunden haben sie nicht zu klagen.

Meckern ist wichtig!

Das erste, was ein Berliner tut, wenn er das sogenannte Licht der Welt erblickt, ist, dass er »meckert«, denn was anders ist das Geschrei des Säuglings als Kritik an der neuen ungewohnten Umgebung. »Meckernd« beschreitet er seinen Lebensweg und »meckernd« setzt er ihn fort, denn nichts bereitet ihm so viel Genugtuung und nichts macht ihm so viel Freude, wie mit oder ohne Grund »meckern« zu können.

Wenn der Schlagerdichter Robert Gilbert aus der Warschauer Straße in Berlin O bei seiner Rückkehr aus der Emigration die lyrische Feststellung machte: »Meckern ist wichtig – nett sein kann jeder«, so traf er damit die Grundhaltung des Berliners in allen Lebenslagen.

Wer nicht gebürtiger Berliner ist, der lernt die Kunst des Meckerns schneller als die Namen der Haltestellen seiner Straßenbahn, denn in erster Linie sind sämtliche behördlichen Einrichtungen geeignete Übungsobjekte. Es heißt für den Berliner noch lange nicht, dass er sich ärgern muss, um zu meckern. Jeder Gang zu einer Behörde wird versüßt durch die Aussicht, meckern zu können. Das fängt bereits im Erdgeschoss eines Amtes an und steigert sich mit der Zahl der Stockwerke, die man zu ersteigen hat, denn die Ämter sind neuerdings meist in Hochhäusern untergebracht.

Der Versuch, einen Aufzug in die oberen Regionen zu finden, endet zweifelsohne negativ. Man kann sicher sein, dass Aufzug und Paternoster vorhanden sind, aber den »Bonzenheber« zu benutzen, ist dem gewöhnlichen Besucher nicht gestattet, und der »Proletenbagger« ist in den Hauptstunden des Publikumsverkehrs »außer Betrieb«.

Die Wollust des Meckerns steigert sich, wenn der Besucher von Zimmer zu Zimmer, von Schalter zu Schalter wandert, um zu erfahren, dass er hier nicht an der »zuständigen Stelle« ist oder für seinen Antrag nicht das richtige Formular benutzt hat. Nachdem er sein Missgeschick mit den Worten: »Ach, du dicker Vater, hast du dinne Kinder!« konstatiert hat, beginnt die eigentliche Meckerei, die ihm die Seele frei macht.

Immer gilt der Grundsatz: »Lerne meckern, ohne dich zu ärgern!« Die Meckerei des Berliners ist nicht zu verwechseln mit dem, was anderswo nörgeln heißt. Seine Meckerei ist ein Vorbeugungsmittel gegen jede Art seelischer Vergiftung durch Unmut, ein Notventil, um die üblen Gase des Zorns abziehen zu lassen.

Der Berliner will sich nämlich durchaus nicht ärgern lassen. Bei ihm heißt es: »Bei mir Zement, da kannste lange kratzen!«, und wirklich ist ihm so bald nicht beizukommen, denn »er hat die Ruhe weg«.

Die echte Meckerei ist ein typisch berlinisches Gewächs und nicht exportfähig, denn in einem andern Klima als in der Spreeluft wächst sie sich zum Unkraut aus. Sie ist für den Berliner eine Kunst um der Kunst willen. Darum hat er sie auch zu solcher Perfektion entwickelt und benötigt keinen äußeren Anlass dazu. Geht eine Sache glatt und reibungslos vonstatten, und stößt er nicht auf Widerstand, wo er Schwierigkeiten erwartet hat, dann sieht man ihm seine Enttäuschung deutlich an. Er ist um die Freude gebracht, meckern zu können. Es geht ihm dabei wie gewissen Händlern in orientalischen Bazaren, die man in Verwirrung bringt, wenn man ihnen ohne Widerspruch den geforderten Preis zahlt. Überfordern sie den Kunden doch eigens, weil sie die Wollust des Feilschens auskosten wollen.

Das Meckern hat dem Berliner in schlimmen Zeiten über alle Miseren hinweggeholfen und ist als Bestandteil seines unverwüstlichen Optimismus unentbehrlich. Es ist eine wesentliche Ingredienz seiner Lebenskunst.

Rauschen im Blätterwald

Der Berliner ist von jeher ein passionierter Zeitungsleser. Mit Leidenschaft konsumiert er, was die Rotationsmaschinen von sich geben.

In der Zeit des Nationalsozialismus erlosch die Passion des Zeitungslesens zwar weitgehend, doch als den Gazetten der Maulkorb wieder abgenommen wurde und sie sagen konnten, was sie wollten, da waren die Berliner plötzlich wieder eifrige Zeitungsleser.

Die ersten Berliner Zeitungen nach dem Kriege erschienen unter der Kontrolle der Sowjets, und ihre Redakteure waren Kommunisten. In den ersten Wochen riss man sich um die lang entbehrten Blätter. Aber es dauerte nicht lange, und man merkte, woher der Wind wehte. Bald kaufte sie niemand mehr, ihre Auflagenziffer sank immer stärker ab, und sie konnten nur noch künstlich am Leben erhalten werden – als Lesefutter für die Funktionäre und als Einschlagpapier für Salzheringe und andere Lebensmittel.

Inzwischen erschienen auch in den drei westlichen Sektoren Zeitungen, in denen das stand, was man in den sowjetisch beeinflussten vermisste. Bald gab es in Westberlin eine ganze Reihe von unabhängigen sowie parteigebundenen Tageszeitungen. Während der Reichsmarkzeit blühte das Zeitungsgeschäft. Wie früher kaufte man im Vorübergehen jedes Blatt, das frisch aus der Presse kam. Man war gespannt auf das, was sich in der Welt draußen in diesen unruhigen Zeiten ereignet hatte, und neugierig zu erfahren, was im politischen Spannungsfeld Berlin geschehen war.

Die Währungsreform und die anschließende Geldknappheit bewirkten, dass der Berliner die Groschen nicht mehr so lose in der Tasche sitzen hatte. Er kaufte nicht mehr jede Zeitung wie bisher. Er wurde vom Zeitungs-Mengen-Konsumenten zum sparsamen Leibblatt-Leser. Die Auflagen sanken. Das Rauschen im Blätterwalde wurde leiser. Für einzelne Gazetten reduzierte es sich zu einem dünnen Säuseln. Doch die Mehrzahl der kurz nach dem Zusammenbruch gegründeten Westberliner Zeitungen konnte sich behaupten. Sie haben es aber nicht leicht, es fehlt ihnen eben das Hinterland. Außerdem haben die Westberliner Zeitungen in vielen westdeutschen Blättern eine schwere Konkurrenz gefunden, denn die Berliner sind aufgeschlossene Leser und informieren sich gern über Ansichten und Meinungen ihrer Mitbürger jenseits der Elbe.

In Ostberlin und in der Zone dürfen Westberliner Zeitungen nicht gelesen werden. Dennoch sind sie dort sehr begehrt und werden immer wieder hinüber geschmuggelt. Wen man dabei erwischt, der wird bestraft. Auf solche Beute werden die Grenzgänger besonders scharf kontrolliert. Man durchsucht ihre Taschen nach westlichen Zeitungen, und selbst das Lesen dieser Blätter in den Verkehrsmitteln auf westlichem Gebiet kann unangenehme Folgen haben, falls ein Spitzel den Leser drüben denunziert. Zuweilen werden auch die Zimmer der Patienten in den ostsektoralen Krankenhäusern nach den Besuchsstunden daraufhin durchgekämmt, ob nicht Westberliner Zeitungen unter den Mitbringseln waren.

Die eigenen Blätter aber sind für die Ostberliner wenig interessant, denn sie unterscheiden sich doch nur in der Grammatik – und auch da kaum –, in der Ideologie sind sie sich völlig gleich. Meist liest man nur den lokalen Teil, um »im Bilde« zu sein.

Wenn die Westberliner Karikaturisten auch keine Zeitschrift haben, in der sie sich tummeln können, so gibt es ihrer doch eine ganze Reihe. Sie haben sich sogar zu einer Gruppe, der »Wolke«, zusammengeschlossen; wenn die Berliner ihre Bilder sehen, dann sagen sie oft: »Det is ne Wolke!« Und das ist das höchste Lob, das man in Berlin zu vergeben hat.

Wenn der Berliner auch nicht mehr so viele Zeitungen kauft und liest wie früher, ist er doch immer noch ein eifriger Zeitungsleser. Das beweisen schon die vielen Kioske an den Straßenecken und Haltestellen, deren Fassaden mit Blättern aus aller Welt und in allen Sprachen, mit Illustrierten und Magazinen bepflastert

Zeitungsleser am Skattisch im Volkspark Weinbergsweg, Sommer 1956.

Rauschen im Blätterwald

sind. Die Statistiker haben ausgerechnet, dass in Westberlin für je tausend Einwohner 657 Zeitungen gedruckt werden. In der Bundesrepublik sind es nur 318. Die Berliner sind aber auch höchst interessierte Zeitungsleser. Sie lesen gründlich und kritisch und lassen sich kein X für ein U vormachen. Das führt oft zu lebhaften schriftlichen Debatten in den Spalten der Blätter, die den Lesern offenstehen, wenn sie etwas Vernünftiges zu den aktuellen Problemen zu sagen haben.

Als die großen Verlage noch dicht nebeneinander im Zeitungsviertel lagen, benutzten die Fahrer, die am frühen Morgen die Blätter zu den Kiosken bringen, die Gelegenheit, mit den Kollegen von den andern Zeitungen eine Wettfahrt zu veranstalten. Jetzt sind die Verlagshäuser über die Stadt verstreut. Erhalten aber hat sich das alljährliche Straßenrennen der Zeitungsfahrer um die schnellste Zeit. Tausende säumen dann die Rennstrecke und feuern die Fahrer mit ihren Zurufen an. Es ist ein richtiges Volksfest.

Ganz ausgestorben ist die große Gilde der Dauerzeitungsleser in den Berliner Cafés. Man hat nicht mehr so viel Zeit wie einst, um stundenlang im Kaffeehaus zu sitzen. Wochenschau und Rundfunk informieren kürzer und schneller über Zeitgeschehen und lokale Ereignisse. So gehört auch das Café alten Stils mit den Stammgästen, die hinter riesigen Zeitungsblättern hockten, Unmengen von Buchstaben in sich hineinschluckten und den Rauch dicker Zigarren in die Luft bliesen, der Vergangenheit an. Es gibt keine Cafés mehr, die sich den Luxus leisten – wie früher das Café Bauer »Unter den Linden« –, 700 Zeitungen und Journale zu halten, die jährlich 30 000 Mark kosteten, oder wie Josty am Potsdamer Platz, wo man sich mit 300 Blättern in allen Sprachen begnügen musste. Dabei waren die eifrigsten Leser immer die schlechtesten Verzehrer. Doch die Kellner bedienten sie mit viel Respekt, war auch das Trinkgeld noch so klein.

Neue »Burschenherrlichkeit«

»O alte Burschenherrlichkeit, wohin bist du entschwunden?« Ja, wohin ist sie entschwunden? Mit vielen andern unzeitgemäßen Einrichtungen ist sie in die Rumpelkammer der dahingegangenen Gesellschaftsordnung gefegt worden.

In Westberlin ist das spürbarer als anderswo. Farbentragende Verbindungen spielen hier keine Rolle mehr. Die »Verbindungen« der Westberliner Studenten von heute heißen »Tusma« und »Heinzelmännchen«. Die »Tusma« – Telefoniere und Studenten machen alles! – ist eine Organisation der Technischen Universität. An der Freien Universität nennt sie sich »Heinzelmännchen«. Sie wie die Tusma-Leute müssen sich das Geld für Studium und Lebensunterhalt verdienen. Für 1,30 DM die Stunde und das Fahrgeld verrichten sie alle sich bietenden Arbeiten: Sie bohnern das Parkett und klopfen den Staub aus den Teppichen. Sie sind auf Anruf zur Stelle und fahren Autobesitzer, die etwas über den Durst getrunken haben, zu jeder Tages- und Nachtzeit sicher nach Hause. Sie spielen sogar Babysitter und geben den Säuglingen die Flasche, wenn es gewünscht wird.

So sieht ihre »Freizeitgestaltung« aus. Für ein studentisches Leben alten Stils bleibt dabei keine Zeit. Selbst die für das Studium in den Hörsälen und daheim ist knapp bemessen durch den Zwang des Geldverdienenmüssens. Dabei haben die Studierenden aller Fakultäten und aller Hochschulen Eile, ihr Studium hinter sich zu bringen; in Berlin mehr als anderswo. Haben sie bestanden, fängt der Ernst des Lebens erst an, denn dann kommt die Jagd nach dem Job. Berlin kann nur einem kleinen Teil von ihnen eine Tätigkeit bieten. Sein Arbeitsmarkt ist eng begrenzt, es fehlt auch hier das Hinterland. Da richtet sich der sehnsüchti-

Studentinnen im Dienst für die TUSMA, März 1956.

Neue »Burschenherrlichkeit«

ge Blick nach dem Westen, wo das deutsche Wirtschaftswunder neue Hoffnungen weckt.

Für die Studierenden der Technischen Universität gibt es diese Sorgen nicht. Der gute Ruf der Berliner Schule öffnet ihnen die Türen zu den westdeutschen Industrieunternehmen. Sie haben meistens schon einen guten Vertrag in der Tasche, noch ehe sie ins Examen steigen.

Berlin ist eine halbierte Stadt, dafür hat es aber fast alle öffentlichen Einrichtungen doppelt, einmal im Westen, einmal im Osten. So gibt es auch zwei Universitäten. Im Osten die alte, seit 1810 bestehende frühere Friedrich-Wilhelm-Universität. Als die Kommunisten Stalins Parole »Stürmt die Festung Wissenschaft« folgten und anfingen, die akademische Freiheit durch ideologische Schranken einzuengen, den Studierenden den Willen der Partei aufzuzwingen und sie ihrer studentischen Rechte zu berauben, kam es in den Reihen der Studentenschaft, die sich damals noch vornehmlich aus Berlinern zusammensetzte, zur Rebellion. Der Zorn der Kommunisten richtete sich vor allem gegen die Wortführer der Opposition. Ihrer drei, die am schärfsten protestiert hatten, wurden relegiert. Die Berliner »Drei« von 1948, die sich gegen die Unfreiheit auflehnten, sind inzwischen fast so berühmt geworden wie die Göttinger »Sieben« von 1837, die von der Universität und aus ihren Professuren vertrieben wurden, weil sie gegen die einseitige Aufhebung der Verfassung von 1833 protestiert hatten. In Berlin redeten die Studenten, die Professoren schwiegen.

Weil die »Linden-Universität« der Diktatur unterlag, wurde 1948 im Westberliner Villenvorort Dahlem die Freie Universität geschaffen. Es war eine Improvisation aus dem Nichts. Nirgendwo in der Welt ist auf solche Weise eine Universität ins Leben gerufen worden wie in Westberlin. Es fing damit an, dass in ein paar leerstehenden Gebäuden der früheren »Kaiser-Wilhelm-Gesellschaft« Vorlesungen gehalten wurden. Die wenigen Stühle, die man in zerstörten und ausgeplünderten Villen hatte auftreiben können, mussten von den Studenten von einer Vorlesung zur andern mitgeschleppt werden. Wer keine Sitzgelegenheit fand, hockte sich auf den Boden. Das hinderte nicht den Lerneifer und lähmte nicht den Schwung dieser jungen Menschen, die mit Begeisterung bei der Sache waren.

Das Kind der Not ist schnell gewachsen. Heute besitzt die Freie Universität schon eigene moderne und großzügige Bauten mit geräumigen Hörsälen und Laboratorien. Der hohe Bibliothekstum mit seinem Raum für viele tausend Bücher überragt die Bauwerke, die bald durch neugeplante vermehrt werden und dann eine ganze Universitätsstadt bilden.

Wichtiger als die Bauten sind die Menschen, die dort arbeiten und sich auf ihre Berufe vorbereiten. Jeder Begabte kann hier aufgenommen werden – soweit der Platz reicht. Inzwischen zählen die Studierenden nach Tausenden. Mindestens ein Drittel von ihnen stammt aus der Ostzone. Ohne Stipendien können die meisten nicht existieren. Sie müssen sich schon sehr geschickt anstellen, um in Westberlin leben zu können. Inzwischen haben die »Nachholer«, die der Krieg in die Kollegien entließ, ihre Studien abgeschlossen, und die Jahrgänge haben sich normalisiert.

Auch aus dem wohlsituierten Westen Deutschlands schickt man wieder Söhne und Töchter nach Berlin, weil man weiß, wie ernst dort das Studieren genommen wird. Und die Zahl der ausländischen Studenten ist beträchtlich. Sie kommen aus Indien, Japan, Australien, den Vereinigten Staaten, Südamerika und dem Nahen Osten und holen sich hier gediegenes Wissen. Auch dafür scheint der Name Berlin eine Gütemarke zu sein.

Die durch die nationalsozialistische Kunst- und Personalpolitik um ihren guten Ruf gebrachte und in ihrem inneren Auf-

Studenten auf dem Sockel des Wilhelm-von-Humboldt-Denkmals vor der Humboldt-Universität, April 1953.

Neue »Burschenherrlichkeit«

bau gestörte Hochschule für bildende Künste wurde nach einem mehrjährigen Provisorium wieder zu einer Stätte der Kunsterziehung gemacht. Sie verfügt über hundert Lehrkräfte. Viele von ihnen haben einen internationalen Namen als Maler, Bildhauer und Grafiker. Eine strenge Auslese sorgt hier dafür, dass nur starke Begabungen entwickelt werden, um die Zahl der brotlosen Künstler nicht zu vermehren, deren es in dem vom Kunsthandel ziemlich abgeschlossenen Berlin ohnedies genug gibt. Natürlich hat auch Ostberlin nach der Spaltung eine Kunstschule ins Leben gerufen. Ihre Lehre steht im Zeichen des »sozialistischen Realismus« und folgt den Anweisungen, die das Zentralkomitee der Staatspartei gibt.

Die Studierenden der Westberliner Hochschule für Musik, die man dicht neben die für bildende Künste gebaut hat, sind auch nicht als Anwärter auf einen Mangelberuf zu betrachten, aber es wird doch in Berlin so viel musiziert, dass man Nachwuchs braucht. Die Konzertsäle sind meist sehr gut besetzt, zumal wenn es klassische Kompositionen zu hören gibt. Wenn die Berliner Philharmoniker spielen, dann füllen sie sogar mehrmals den geräumigen neuen Hochschulsaal. Mit seiner breiten Glasfront und seinem nüchternen Gehäuse haben die Berliner sich langsam vertraut gemacht, und sein Spitzname »Symphonie-Garage« gerät in Vergessenheit.

Um dem studentischen Gemeinschaftsleben im Berliner Westen einen neuen Mittelpunkt zu geben, wurde 1948 in Eichkamp das Internationale Studentenheim gebaut. Den Gründern war es wichtig, den wirtschaftlich schlecht gestellten Studenten der Westberliner Universitäten und Hochschulen zu billigen und anständigen Wohngelegenheiten zu verhelfen. Wesentlicher aber war ihnen, in landschaftlich reizvoller Umgebung nahe den grünen Bezirken des Grunewalds ein studentisches Gemeinwesen entstehen zu lassen. Der Plan einer Studentenstadt war schön gedacht. Er blieb aber nach einem verheißungsvollen Anfang in den Ansätzen stecken. Immerhin ließ die Initiative einiger Studenten eine kleine Wohngemeinschaft entstehen. Sie richteten sich in einigen schwerbeschädigten Schulgebäuden auf dem Ruinengelände des Mommsen-Stadions ein. Mit einer größeren Spende aus dem McCloy-Fonds wurde ein Klubhaus errichtet. Ein paar Dutzend Deutsche und Ausländer, die das Studium zusammenführt, pflegen hier gute Kameradschaft. Eine »Gesellschaft zur Förderung der internationalen Studentengemeinde Eichkamp« will die kleine Siedlung zu einer Studentenstadt für einige hundert Bewohner ausbauen, die sich eine eigene Verfassung mit Legislative und Exekutive geben soll. Ein »Studentendorf« in Zehlendorf ist für die Studenten der Freien Universität geplant. Sieben Millionen DM stifteten Amerikaner dafür. Es soll nicht nur gute und billige Wohnmöglichkeit bieten, sondern auch der menschlichen Gemeinschaft dienen und von den Studenten selbst verwaltet werden.

Recht stattlich nimmt sich die »Taberna academica« zwischen den beiden Hochschulen an der Hardenbergstraße aus. Auch sie ist ein Studentenhaus mit Mensa und Wohnräumen. In ihrem Festsaal tagte 1951 der erste internationale »Kongress für kulturelle Freiheit«, der zu einer gewaltigen Demonstration gegen den Totalitarismus wurde.

Unter der Freiheitsglocke

Das Luftbrückendenkmal auf dem runden Platz vor dem Flughafen und die Freiheitsglocke im Schöneberger Rathaus, von dem aus Westberlin regiert wird, sind Erinnerungszeichen an die Blockade 1948/1949. Elf Monate lang war Westberlin eine Insel im roten Meer. Drei Luftkorridore verbanden sie mit dem Westen. Amerikanische und britische Flugzeuge machten Tag und Nacht den Weg hin und zurück und schleppten das Notwendigste heran, um die mehr als zwei Millionen Einwohner am Leben zu erhalten. Denen, die jene Zeit in Westberlin miterlebten, erschien sie wie eine Ewigkeit. Nahezu viertausend Betriebe mussten stillgelegt werden, weil sie weder Strom noch Rohstoffe hatten. Die Arbeiter wurden entlassen. Während der deutsche Westen inzwischen vieles, was zerstört gewesen war, hatte aufbauen können, waren die Westberliner zur Untätigkeit verdammt. Es fehlte an allem, was die Trümmerexistenz der Weltstadt hätte beenden können. Während Westberlin durch die Blockade ins Hintertreffen geriet und von den Vorteilen der Währungsreform ausgeschlossen blieb, während der Westberliner trotz des stabilen Wertes der Westmark von den aus dem Ausland eingeführten Gütern nichts kaufen konnte, begann sich im freien deutschen Westen das deutsche »Wirtschaftswunder« vorzubereiten.

Dennoch konnte trotz aller Schwierigkeiten in Westberlin ein neues großes Elektrizitätswerk vollendet werden. »Kraftwerk Ernst Reuter« heißt es zur Erinnerung an den Mann, der sich mit seiner ganzen Energie für den Bau einsetzte, nachdem der Osten Westberlin den Strom gesperrt hatte. Die schweren Turbinen und alle für den Aufbau erforderlichen Teile wurden auf dem Luftweg herbeigeschafft. Das Werk ist ein bleibender Beweis für den

Die Freiheitsglocke vor dem Turm des Schöneberger Rathauses, Oktober 1950.

Unter der Freiheitsglocke

Selbstbehauptungswillen der Stadt, deren Schicksal es war, Spielball der weltpolitischen Kräfte zu sein.

So ernst die Mahnung ist, die das Luftbrückendenkmal mit seinen drei die Luftkorridore symbolisierenden Rippen ausdrückt, die Westberliner witzeln doch darüber. »Hungerharke« nennen sie es, eingedenk ihres damals böse knurrenden Magens; weil Ernst Reuter die Anregung zu diesem Monument gab, heißt es auch »Reuters Backenzahn«. In beiden Bezeichnungen klingt als Unterton ein wenig die kritische Haltung gegenüber diesem Denkmal, dessen abstrakte Form nicht jedem gefällt.

Statt eines Ordens für »tapferes Verhalten« bei der waffenlosen Verteidigung der Freiheit bekamen die Westberliner von den Amerikanern eine »Freiheitsglocke« geschenkt. Sie ist eine originalgetreue Nachbildung der berühmten »Liberty Bell«, die am 8. Juli 1776 vom Turm des »State House« zu Philadelphia zur Verlesung der Unabhängigkeitserklärung geläutet wurde. Es war ein richtiges Volksfest, als sie in Berlin ankam, geweiht wurde und zum ersten Mal über den weiten Platz vor dem Schöneberger Rathaus hin erklang, der voll war von Berlinern aus beiden Teilen der Stadt. » … dass diese Nation mit Gottes Hilfe die Wiedergeburt der Freiheit erleben möge« ist in englischer Sprache in ihrem Erz zu lesen.

Ein Berliner Dichter hat seine Vaterstadt die »Mutter der Heimatlosen« genannt. Seit der Teilung der Stadt ist sie dies in einem ganz anderen Sinne geworden. Westberlin ist heute die Zuflucht derer, die ihre mitteldeutsche Heimat verlassen müssen. Nach Hunderttausenden zählen sie, die von ihrem Grund und Boden, aus ihrem Heim, von ihren Arbeitsstätten, aus den Kontoren und von ihren Lehrstühlen flüchten mussten. Berlin ist ein Loch im Eisernen Vorhang, durch das sie mit ihren Familien und dem wenigen, was sie von ihrer Habe mitnehmen können, den Weg in die Freiheit finden.

Die Zahl der Flüchtlinge hat die Millionengrenze längst überschritten. Mehr als 500 000 nahmen ihren Weg über Berlin. Viele von ihnen sind hier hängengeblieben. Wer die Prüfung der Beweggründe seiner Flucht, der Vertrauenswürdigkeit seiner Person und der Wahrheit seiner Angaben besteht, der wird auf dem Luftwege in die Bundesrepublik befördert. Bevor diese Regelung getroffen war, quoll das räumlich eingeengte und durch seine Wohnungsnot stark bedrängte Westberlin fast über von Flüchtlingen. Zeitweise schwankte der monatliche Durchschnitt zwischen 5 000 und 15 000 Personen. Die Zahl stieg jedes Mal gewaltig, wenn drüben der politische Druck verstärkt wurde. Dann gab es Tage, an denen Tausende eintrafen, die in den Lagern nicht mehr untergebracht werden konnten.

Noch immer ist der Strom nicht versiegt. Im Auf und Ab der Flüchtlingszahlen spiegeln sich die Schwankungen der Politik des Ostens. Westberlin bekommt sie unmittelbar zu spüren. Es ist zu einem politischen Seismografen geworden.

Wirtschaftswunder mit Verspätung

In einem Laden am Kurfürstendamm liest man auf einem Schild: »Das Unmögliche erledigen wir sofort. Wunder dauern etwas länger.« Diese Worte voller Selbstsicherheit sind bezeichnend für den Geist der ganzen Stadt. Vor allem für die Männer, in deren Händen der Aufbau des völlig zerstörten wirtschaftlichen Lebens lag. Wenn man 1945 durch Berlin wanderte und sah, was aus dieser prächtigen Stadt geworden und was von ihr übriggeblieben war, wagte man nicht, an die Zukunft zu denken. Es waren nicht nur Pessimisten, die einem vorrechneten, man brauche zwanzig bis fünfzig Jahre, um diese Trümmerwüste wieder aufzubauen. Die Quellen des Lebens waren verschüttet, die Stätten der Arbeit vernichtet und verwaist; Arbeiter und Angestellte hatten ihre Werkplätze und Büros verloren; wichtige Industriezweige waren während des Krieges verlagert und an minder gefährdeten Stellen aufgebaut worden; die ganze Organisation von Industrie und Handel, der Produktions- und Finanzierungsinstitute war aufgelöst. Es herrschte das Chaos.

Aber das Chaos hatte keine Dauer. Die Berliner »erledigten das Unmögliche sofort«. Ohne Arbeit war ihnen das Leben undenkbar. Das galt für sie nach dem Zusammenbruch mehr denn je, denn die Arbeit verscheuchte die düsteren Gedanken der Hoffnungslosigkeit. Wo Fabriken noch unversehrt oder leicht beschädigt den Kampf um Berlin überdauert hatten, da fanden sich schon nach wenigen Tagen die alten Arbeiter und Angestellten ein, um zu sehen, was es für sie wieder zu tun gab. Sie mussten feststellen, dass Soldaten in fremden Uniformen emsig dabei waren, nicht nur die vorhandenen Rohstoffe, sondern auch die noch verwendbaren Maschinen fortzuschaffen. Kamen die Arbeiter nach ein paar Tagen wieder, fanden sie nur noch ausgeräumte Werkstätten, allenfalls ein paar alte Maschinen, deren Demontage nicht lohnend erschienen war. Doch es waren Maschinen, an denen sie einmal gearbeitet hatten, und sie machten sich daran, ihre Arbeitsstätten wieder in Ordnung zu bringen. Sie brachten auch die Maschinen in Gang und stöberten irgendwo Material auf, mit dem sie in gemeinschaftlicher Arbeit mit Werkführern und Direktoren die Produktion in bescheidenem Umfang aufnehmen konnten. Oft genug kamen die Sieger noch einmal zurück und hielten Nachlese. Die Arbeiter aber ließen sich nicht verdrießen.

Maschinen im neu aufgebauten Bergmann-Borsig-Werk in Wilhelmsruh,
März 1949.

Wirtschaftswunder mit Verspätung **173**

Sie machten sich auf den Weg und suchten in andern zerstörten Werken aus dem Schutt Maschinenteile zusammen, aus denen sie wieder verwendbare Maschinen bauten.

Die Arbeiter und Angestellten der Firma Osram fanden nach dem Abzug der Sowjets ihre Westberliner Werkstätten und Büros völlig ausgeräumt vor. Einzeln oder zu zweien fuhren sie in der Dämmerstunde zu den noch einigermaßen eingerichteten Räumen des Werks im sowjetischen Sektor und holten heimlich heraus, was nicht niet- und nagelfest war, Werkzeuge, Schreibmaschinen, Büromöbel, Rohmaterialien und selbst Bleistifte und Papier. Damals gab es noch keine Grenzkontrollen. Bald konnte im Charlottenburger Werk die Arbeit wiederaufgenommen werden. In den zwölf Jahren zwischen damals und heute hat sich aus den primitiven Anfängen wieder ein stattlicher Großbetrieb entwickelt. Dieser Aufstieg ist sichtbar geworden in dem neunstöckigen Hochhaus am sich neu gestaltenden Ernst-Reuter-Platz, in dem die Verwaltung von Osram und ein »Lichtmuseum« zum Studium der Entwicklungsgeschichte der elektrischen Lampe und ihrer modernen Verwendungsmöglichkeiten untergebracht sind.

Berlin ist die Geburtsstätte der Elektrotechnik in Deutschland. Wenn sich abends über die Häuserfronten des Kurfürstendamms und der andern großen Ladenstraßen des Westens leuchtende Schleier breiten, dann kommt dieses Licht aus den Leuchtkörpern der Berliner Elektroindustrie, die heute wieder vierzig von Hundert aller in der Westberliner Industrie Beschäftigten Arbeit und Brot gibt. Das größte deutsche Unternehmen der elektrotechnischen Industrie, Siemens, hat in Siemensstadt sein Produktionszentrum mit den wiederhergestellten Großbauten in klarer schöner Zweckarchitektur. Die AEG hat ihre Fabriken über ganz Westberlin verstreut und ist mit ihrer Verwaltung in das frühere Wehrkreiskommando am Hohenzollerndamm eingezogen. Telefunken hat den größten Teil seiner Produktion und seine Hauptverwaltung wieder in Berlin.

Wie die Elektroindustrie haben auch die übrigen führenden Industrien aufgeholt und ihre Produktion von Jahr zu Jahr gesteigert. Die früher um den Hausvogteiplatz konzentrierte Bekleidungsindustrie hat sich nach der Zerstörung ihres Viertels dort nicht wieder ansässig gemacht. Auch dieser ausgedehnte Industriezweig, der wieder 40 000 Menschen beschäftigt, hat in Westberlin die besten Voraussetzungen für eine gedeihliche Tätigkeit gefunden. Der größte Teil der tonangebenden Modesalons domiziliert jetzt in Charlottenburg. Was früher Lenné- und Tiergartenstraße für die Haute Couture bedeuteten, das ist jetzt die Kurfürstendammgegend. Die Konfektionsbetriebe haben sich ebenfalls in Charlottenburg niedergelassen und in den Neubauten an der Gedächtniskirche einen repräsentativen Mittelpunkt gefunden. Die Krise, die während der Blockade durch Exportschwierigkeiten ausgelöst wurde, ist überwunden, und der Vorsprung, den Westdeutschland auf diesem Gebiet in der Zwischenzeit erreichte, ist mehr als aufgeholt. Zweimal im Jahr führt die »Berliner Durchreise« wieder scharenweise Experten und Einkäufer aus der Bundesrepublik und dem Ausland an die Spree. Das für Berlin charakteristische System der Zwischenmeister und Heimarbeiter, das hier niemals zugunsten moderner Fertigungsmethoden völlig aufgegeben worden war, half der Bekleidungsindustrie über die Schwierigkeiten hinweg, die ihr aus dem Verlust ihrer Arbeitsstätten und ihres Maschinenparks entstanden waren. Neue Strumpffabriken etablierten sich erfolgreich in Westberlin, kaum dass die Blockade aufgehoben war und die Wirtschaft sich von den schweren Schlägen erholt hatte.

Es dauerte eine Weile, bis die restlos geräumten Lager und die erschöpften Reserven aufgefüllt waren, der Mangel an Rohstoffen, Kohle und Energie behoben werden konnte, bis wieder ununterbrochen der Strom durch die Kabel lief und die Zeit vergessen war, in der es am Tage nur für zwei Stunden Strom gab und die Betriebe nur nachts und dann mit halber Kraft arbeiten konnten, um ihre Facharbeiter durchzuhalten. Erst im Laufe des Jahres 1952 begann die Aufwärtsentwicklung, die anhielt und es ermöglichte, dass die Mehrzahl der ruhenden Betriebe ihre Produktion wiederaufnehmen konnte. Handel und Industrie litten mehr noch als der Private unter den Folgen der langen Kontensperre und der Benachteiligung bei der Aufwertung, die hier nur fünf Prozent der Sparguthaben betrug. Es gab nach der Währungsreform zunächst keinen Geldverkehr mit Westdeutschland, die Berliner DM-Scheine waren gestempelt oder gelocht und nur in Westberlin gültig. Anfangs wurden Löhne und Gehälter teils in Ostmark ausgezahlt, weil Mieten, Strom und Gas auf diese Währung verrechnet wurden, freie Lebensmittel dagegen nur für das »gute« Geld der Bank deutscher Länder zu kaufen waren. Das gab ein schönes Durcheinander in den Kassen der Privatleute wie in denen der Betriebe. Man schickte sich »mit Laune« ins Unvermeidliche und ließ nichts unversucht, um die Schwierigkeiten zu meistern.

Und man meisterte sie. Nächst der Elektroindustrie ist die Eisen und Metall verarbeitende Industrie der wichtigste Wirtschaftszweig Westberlins. Sie umfasst alle einschlägigen Teile, Maschinen- und Stahlbau, die Fabrikation von Fahrzeugen und Schiffen, die Verarbeitung von Eisen, Blech, Stahl und anderen Metallen. Es gibt Namen, die ein Signum für Berlin als große Industriestadt sind. So der Name Borsig, unter dem seit 120 Jahren eines der größten Unternehmen am Platz bekannt ist, dessen Anlagen fast das Gelände einer kleinen Stadt bedecken, nämlich mehr als 550 000 Quadratmeter Grundfläche. Zwei Jahre lang war das Werk durch dauernde Demontagebefehle bedroht, aber mit vereinten Kräften stellten sich Werkleitung und Belegschaft dieser Gefährdung erfolgreich entgegen, und die Borsig-Aktiengesellschaft arbeitet wieder an alter Traditionsstätte in Tegel, unabhängig von fremden Lieferterminen durch die eigene Materialgrundlage, leistungsfähig nicht zuletzt auch durch ihre moderne Werkstoffversuchsanstalt mit chemischen, physikalischen, metallografischen und spektrografischen Laboratorien.

Wie auf vielen andern Gebieten tritt auch in Industrie, Handel und Bankwesen die Einzelpersönlichkeit des Unternehmers und Initiators immer mehr zurück hinter dem Team. Es gibt keine überragenden Exponenten mehr, und die Namen der großen Gründer stehen auch in Berlin meist nur noch auf dem Firmenkopf, gleichsam als Symbol. Allenfalls besitzen die Nachkommen noch ein mehr oder minder großes Aktienpaket, aber die Leitung liegt in den Händen eines Direktoriums, und die Kontrolle wird durch einen Aufsichtsrat ausgeübt. So fließen auch die Gewinne nicht mehr wie früher als breiter Goldstrom in die Tresore der Besitzer, und die Zahl der Millionäre, von denen man noch vor dem ersten Weltkrieg in Kleinberlin mehr als 2 000 zählen konnte, ist heute recht gering.

Errechnete man damals als Ergebnis eines Millionenbesitzes ein Jahreseinkommen von 50 000 Mark, dann hat sich dieses Verhältnis grundlegend geändert. Es gibt nicht wenige Westberliner, die heute, ohne Millionäre zu sein, ein solches Einkommen versteuern. Es sind das nicht allein die leitenden Männer der Industrie und des Handels. Sogar die Intendanten der städtischen Bühnen stehen mit solchen Einkommen im Berliner Etat. Dafür hat Berlin aber heute keine Persönlichkeiten mehr aufzuweisen wie Walther Rathenau, Karl Fürstenberg, von Bleichröder, Louis Ravené, von Friedlaender-Fuld, Rudolf Mosse – Männer mit großem gesellschaftlichem und zum Teil auch politischem Einfluss, die als Kunstfreunde und Mäzene einen wesentlichen Einfluss auch auf das kulturelle Leben Berlins besaßen und dazu beitrugen, dass es sich eine Vormachtstellung errang.

Der Unternehmertyp mit seiner Aktivität und seinem Wagemut ist heute fast völlig aus der Öffentlichkeit verschwunden. Die Aktiengesellschaft hat seine Rolle übernommen. Oft weiß die Allgemeinheit nicht, wer hinter der Firma steckt, die unter einem neutralen Namen in Erscheinung tritt, die sich »KaDeWe« (Kaufhaus des Westens), »Bilka« (Billiges Kaufhaus) oder »Defaka« (Deutsches Familienkaufhaus) nennt. Wenn man früher bei Tietz, Wertheim, Israel, Hertzog kaufte, dann wusste man, wer das war, man zeigte sich bei Spaziergängen die stattlichen Villen der Besitzer und las in den Zeitungen unter der Rubrik »Geselliges Leben«, welchen Ball sie mit ihren Familien besucht, für welchen wohltätigen Zweck sie ein paar Tausender gespendet, auf welchem Rennplatz ihre Pferde gewonnen, wen ihre Töchter und ihre Söhne geheiratet hatten. Das ließ eine gewisse Anhänglichkeit entstehen, die dem Geschäft zugutekam.

So etwas gibt es heute kaum noch. Die Besitzer haben sich in die Anonymität zurückgezogen. Eine persönliche Verbindung mit der Firma besteht nur noch in wenigen Fällen und ist dann nicht einmal immer der Öffentlichkeit bekannt. Wer weiß schon, wenn er durch die Messelstraße in Dahlem geht, hier wohnen die Inhaber des Bekleidungshauses C. & A. Brenninkmeyer, kurz C.&A. genannt? Eine GmbH und eine KG haben in der Vorstellung des Publikums keine Wohnung. Allerdings ist der Name Ullstein durch seine Publikationen und sein architektonisch auffallendes Druckhaus in Tempelhof zum Inbegriff der Firma geworden. Ebenso ist der Berliner Generalvertreter des Volkswagen-Werks, Eduard Winter, zu einer populären Erscheinung geworden, weil er ein Mann von seltenem Wagemut und großem Erfolg ist, dem wie einem König Midas sich alles, was er anfasst, in Gold verwandelt. Seinem Expansionsgeist genügt es nicht, in allen Teilen der westlichen Stadt Ausstellungspavillons zu errichten und am Kurfürstendamm in einem Neubau mit einer Fassade aus Leuchtröhren hinter großen Spiegelscheiben eine blickfreie Werkstätte zu etablieren. Er hat daneben das Monopol für Fabrikation und Vertrieb von Coca-Cola, die ihm große Gewinne einbringen. Eduard Winter repräsentiert außerdem im Privatleben den erfolgreichen Kaufmann, der sich einen Rennstall mit acht Pferden hält und dessen Töchter bei Turnieren als elegante Reiterinnen in Erscheinung treten.

Es ließe sich noch viel über die Ausmaße der Westberliner Industrie sagen, in der auch die Chemische Industrie eine führende Stellung einnimmt. Schering hat eines seiner Werke am Tegeler Weg errichtet, am Steinplatz haben die Höchster Farbwerke einen Neubau für ihr Verkaufsbüro geschaffen, Bayer hat sich am Kurfürstendamm niedergelassen, die Pfeilring-Werke haben ihren Sitz auf dem Grundstück am Salzufer, und eine ganze Anzahl kleinerer Fabrikationsbetriebe ist über den ganzen Westen verteilt.

Eine wesentliche Rolle spielt auch die Nahrungs- und Genussmittelindustrie, die für ihre Produkte in der Stadt einen aufnahmefähigen Markt besitzt und doch noch mit einem erheblichen Prozentsatz am Export beteiligt ist – fast in gleichem Maße wie die Bekleidungsindustrie.

Seit Leipzig nicht mehr die dominierende Bücherstadt Deutschlands sein kann, ist Westberlin mit seinen fast sechshundert Verlagen an ihre Stelle gerückt. Ostberlin hat demgegenüber nur 38 und die ganze sowjetische Besatzungszone insgesamt nicht mehr als 117 Verlage aufzuweisen.

Auch die Westberliner Radio- und Fernsehindustrie ist ungemein produktiv in der Stadt, deren vier Hauptsender täglich zehn

Programme ausstrahlen, was sich in der warmen Jahreszeit, wenn die Fenster offen stehen, in den Straßen als rechter »Wellensalat« bemerkbar macht. In den zahlreichen Hallen auf dem Messegelände wechseln in bunter Folge Ausstellungen aller Art und führen zu einem Stelldichein von Bewohnern der beiden Stadthälften, der Bundesrepublik und der »Zone«. Dass aber Berlin bei seiner Lage an Spree und Havel, zwei Flüssen mittleren Ranges unter den schiffbaren Gewässern, auch eine bedeutende Hafenstadt ist, dürfte nicht einmal allen Berlinern bewusst sein. Vor dem Zusammenbruch war es der zweitgrößte deutsche Binnenhafen. Es lag im Mittelpunkt des ausgedehnten mitteldeutschen Wasserstraßennetzes, das die Oder mit der Elbe verband, und verfügte über geräumige Lagerhallen und Ladevorrichtungen. Heute ist der Betrieb durch die insulare Lage Westberlins und durch das Fehlen des natürlichen Hinterlandes für eine erfolgreiche Umschlagtätigkeit beschränkt. Die Hafenanlagen aber sind für jede Aufgabe bereit, die ihnen gestellt wird, sobald die Situation sich ändert.

Babelsberg – Johannisthal – Tempelhof, das waren einmal die Stätten, an denen in wohlausgerüsteten Ateliers und auf weiten, mit Dekorationen überbautem Gelände der größte Teil aller deutschen Filme gedreht wurde, die vor allem unter den Firmenzeichen Ufa und Tobis in aller Welt über die Leinwand liefen. Babelsberg und Johannisthal liegen jetzt im Bereich der »DDR«, wo der staatseigene Betrieb DEFA vornehmlich Propaganda aufs Zelluloid bringt. Tempelhof hat seine Ateliers wieder aufgebaut, und in Spandau hat der bis 1945 unbekannte Carl Brauner neue Ateliers errichtet und eine eigene Produktion aufgezogen. Mit vorsintflutlichen Apparaten und Behelfsmitteln in halbzerstörten oder ausgeräumten Studios begannen damals filmbesessene Männer, die eine »reine Weste« hatten, so etwas wie eine neue Produktion, kaum dass sie den Beauftragten der Besatzungsmächte eine Lizenz abgerungen hatten. Geld besaßen sie nicht, Filmbänder mussten sie sich auf abenteuerliche Weise beschaffen, Schauspieler lockten sie mit der Versicherung, dass sie für eine angemessene Verpflegung während der Drehtage sorgen würden. Nicht immer konnten sie solche Versprechungen einhalten, aber es kamen doch ein paar Filme zustande, die besser waren als das meiste, was heute auf die Leinwand gelangt. Jetzt läuft die Westberliner Produktion wieder auf hohen Touren, und die Ateliers stehen nie leer. Immerhin liefert Westberlin mehr als die Hälfte aller deutschen Filme und hat sich damit wieder seinen Anteil an der Gesamtproduktion gesichert.

Ein untrügliches Zeichen neuer Prosperität ist es, wenn Handel und Industrie, Banken und Versicherungsanstalten bauen. Westberlin hat durch ihre Großbauten ein neues Gepräge bekommen. Sie repräsentieren nicht nur den Stil der neuen Architektur, sie beweisen auch das wieder vorhandene Vertrauen zur Festigkeit der Berliner Verhältnisse und sind ein Bekenntnis zu Berlin als der eigentlichen Hauptstadt Deutschlands. Auch die Börse ist aus ihrem pompösen Palast an der Burgstraße im Ostsektor, wo die Geldinstitute der privaten Hand entzogen wurden, in einen zweckschönen, aber schlichten Neubau an der Hardenbergstraße umgezogen. Wohin man blickt, rührt sich neues Leben. Die Zerstörung wäre fast vergessen, mahnten nicht stellenweise noch Trümmer an die schlimme Zeit und warnten vor dem Übermut.

Ach, wär das schön!

Schaut man vom Funkturm über die Stadt, dann merkt man nichts von ihrer Zwiegespaltenheit. Viele Reisende gestehen, dass für sie die Spaltung der Stadt ein Hauptanziehungspunkt ist, aber die Berliner würden gern auf diese Attraktion verzichten. Sie glauben auch nicht, dass Berlin für die Fremden uninteressant wird, wenn hinter dem Brandenburger Tor keine Volkspolizisten mehr stehen. Wenn die Bundesrepublikaner schon jetzt trotz der ostzonalen Autobahngebühren und Grenzkontrollen nach Berlin kommen, werden sie dem alten Werberuf »Jeder einmal in Berlin!« und »Berlin ist eine Reise wert« noch williger folgen, wenn alle Hindernisse gefallen sind.

Das Unmögliche erledigt der Berliner sofort, Wunder dauern etwas länger. Das gilt noch immer für Berlin, das jetzt auch wieder offiziell geworden ist, was es in Wirklichkeit immer war: die Hauptstadt Deutschlands. Den Berlinern aus dem Herzen gesprochen ist, was im Refrain des Insulaner-Songs immer wieder durch den Äther klingt:

> Der Insulaner verliert die Ruhe nich,
> der Insulaner liebt keen Getue nich!
> Der Insulaner hofft unbeirrt,
> dass seine Insel wieder 'n schönes Festland wird!
> Ach, wär das schön!

Sommergarten auf dem Messegelände, Sommer 1952.

Ach, wär das schön!

Nachwort

Es ist dem Verlag und dem Generalbevollmächtigten des Nachlasses von Konrad Haemmerling, genannt Curt Moreck, ein Anliegen, dem Leser mit diesem Werk das Berlin der Nachkriegsjahre erlebbar zu machen. Nach »Mensch, Maß aller Dinge« veröffentlichte Haemmerling neben zahlreichen Übersetzungen 1957 das Buch »Die Kunst, in Berlin zu leben«, gewidmet seiner Ehefrau Ruth. Der Text wurde für die vorliegende Neuauflage unverändert übernommen und um ein Glossar erweitert. An die Stelle der Illustrationen von Herbert Thiele, mit denen die Erstausgabe versehen war, sind historische Fotografien aus den 1940er und 1950er Jahren getreten.

Der Name Curt Moreck, unter dem Konrad Haemmerling seine literarische Karriere begonnen hatte, lebt nur noch als Erinnerung an die Vorkriegszeit weiter, als seine Werke von den Nationalsozialisten verboten wurden. Den Autor verließ nie das gute Vertrauen, dass er länger leben werde als das »Dritte Reich«. Nach dem Zusammenbruch widmete er sich vorrangig dem Geschehen der Kunst- und Kulturszene in Berlin. Er fühlte sich geradezu verpflichtet, das, was er als falsch empfand, zu kritisieren. Er war in jener Zeit präsent bei allen Theater- und vielen Filmpremieren. Wer das Glück hatte, ihn zu kennen, seine stete Hilfsbereitschaft und seine Auffassung von Menschlichkeit zu spüren, wird ihn in guter Erinnerung behalten.

Konrad Haemmerling hat am 29. Mai 1957 die Bühne dieser Welt verlassen.

Berlin, im Januar 2020
Hartmut K. Blisse

Glossar

Bolle-Eis
Die Meierei C. Bolle belieferte seit 1879 die Berliner mit Milch und Milchprodukten. Neben den üblichen Milcherzeugnissen wie Quark, Butter und Käse produzierte Bolle auch Speiseeis. In den 1950er Jahren konnte man an vielen kleinen Verkaufsständen Milch- und Wassereis kaufen.

Budike
Berliner Verballhornung des frz. »Boutique«, Bezeichnung für einen kleinen Verkaufsladen, in dem neben Tabak unter anderem auch Lebensmittel verkauft wurden.

Charge
Amt bzw. Rang, im Militär (veraltet) auch eine Person mit einem Dienstgrad.

Chronique scandaleuse
Eine Sammlung von Skandal- und Klatschgeschichten einer bestimmten Epoche oder eines Milieus.

Cobbler
Ein Cocktail aus Früchten, Wasser und Eis, die mit Wein, Sekt oder Likör übergossen werden; üblicherweise in einem hohen Stielglas serviert.

Detachement
Militärischer Begriff für besondere Aufgaben abkommandierte Truppenabteilung.

Eisbit
Kleiner Zylinder, in dem Wassereis verkauft wurde.

Fridericus Rex apollini et musis
»König Friedrich [widmet dieses Gebäude] dem Apollo und den Musen«.

Generalität
Gesamtheit der Generale (eines Staates).

glossieren
Etwas mit spöttischen oder polemischen Bemerkungen kommentieren.

Hermelin
Pelzumhang aus dem weißen Winterfell des Hermelins.

HO
Die Handelsorganisation, abgekürzt HO, war das 1948 gegründete staatliche Einzelhandelsunternehmen der SBZ, später DDR. Die HO betrieb Lebensmittel-, Spielwaren-, Textil- und andere Läden, außerdem Lokale, Cafés und Hotels.

Hot-Musik
»Heiße«, schnelle, zum Teil jazzige Tanzmusik.

Jagen
Ein vor allem im ehemaligen Preußen verwendeter forstwirtschaftlicher Begriff für eine Flächeneinheit, die in der Regel 10 bis 30 Hektar beträgt.

Jolle

Ein kleines, flaches, offenes Segelboot.

Kalbfell

Hier die Bespannung der Pauke.

Kavalkade

Ein feierlicher Aufzug von Reitern.

Kerls

»Lange Kerls« ist die volkstümliche Bezeichnung für die Soldaten des altpreußischen Infanterieregiments No. 6. Die Grenadiere des Regiments mussten mindestens 6 preußische Fuß (ca. 1,88 Meter) messen.

Knaster

Billiger, schlecht riechender Tabak.

Konterbande

Gesetzwidrig eingeführte Ware, Kriegs- oder Schmuggelgut.

Kremser

Ein vielsitziger, gefederter großer Planwagen, der von Pferden gezogen wird und ursprünglich als Pferdeomnibus eingesetzt wurde.

Krinoline

Ein langer, durch Fischbeinstäbchen versteifter oder über ein Gestell gearbeiteter, ringsum weit abstehender Rock, der über einem Kleid getragen wird. Die Krinoline war im 19. Jahrhundert, von circa 1840 bis 1870, in Mode.

Messelbau

Das Retortenhaus am Gasometer Schöneberg, ein Gebäude des ehemaligen Gaswerks in Berlin-Schöneberg, das Ende des 19. Jahrhunderts von Alfred Messel geplant und erbaut wurde.

Mitropa

Die MITROPA war eine Bewirtungs- und Beherbergungsgesellschaft, die 1916 zum Betrieb von Schlaf- und Speisewagen gegründet wurde. Nach 1945 wurde die MITROPA geteilt: in der sowjetischen Besatzungszone bestand sie als Aktiengesellschaft weiter, in den Westzonen gab einen MITROPA-Betrieb in der amerikanischen und französischen sowie einen in der britischen Zone.

Mostrich

Synonym für Senf. Ursprünglich bezeichnet Mostrich eine spezielle Senfsorte, bei deren Herstellung Traubenmost statt Essig verwendet wird.

Muschik

Ein Bauer im zaristischen Russland.

ostzonal

Die sowjetische Besatzungszone (bzw. Ostberlin) betreffend, dazu gehörend.

Paladin

Treuer Gefolgsmann, Anhänger.

Parvenü

Emporkömmling, ein Neureicher oder Aufsteiger.

Poilus

Mehrzahl von Poilu, umgangssprachliche Bezeichnung für einen französischen Soldaten. Der Begriff leitet sich vom frz. >poilu< ab und bedeutet wörtlich »der Behaarte« oder »Haarige«

Porphyrsäule

Säule, bestehend aus magmatischem Gestein, in dessen Grundmasse größere Kristalle eingesprengt sind.

Schärenkreuzer

Ein Segelboot mit langem, schlankem Rumpf, mit überhängendem Bug und Heck und hohen, schmalen Segeln.

Tingeltangel

Meist abwertend verwendete Bezeichnung für ein Tanzlokal oder Varieté, in dem eher niveaulose Unterhaltung dargeboten wird.

Tommies

Mehrzahl von Tommy, umgangssprachliche Bezeichnung für einen britischen Soldaten.

Volant

Steuerrad eines Kraftwagens.

Wisokü

Abkürzung für das Westberliner Facharbeitsamt für wissenschaftliche, soziale und künstlerische Berufe.

Xanthippe

Streitsüchtige, zänkische Frau.

Der Autor

Konrad Haemmerling, 1888 in Köln geboren, war Schriftsteller und Journalist. In den 1920er Jahren legte er seinen Schwerpunkt auf Kultur- und Sittengeschichte, während der Zeit des National-sozialismus waren seine Werke verboten. Er starb 1957 in Berlin. Im be.bra verlag erschien zuletzt eine Neuausgabe des von ihm 1931 (unter dem Pseudonym Curt Moreck) verfassten Buchs »Ein Führer durch das lasterhafte Berlin«.

Bildnachweis

akg-images: S. 31 (TT News Agency/SVT), 47, 66 (Schütz, Gert), 76 (picture-alliance/dpa), 81 (Almasy, Paul), 94 (Weiss, Peter), 113, 145, 169 (picture-alliance/dpa), 183 (Schütz, Gert)
Bundesarchiv: S. 8 (Bild 183-2005-0629-519/Krüger, Erich O.), 15 (Bild 183-J31399), 19 (Bild 183-M1205-333/Donath, Otto), 25 (Bild 183-19000-1675), 27 (Bild 183-19000-3293), 37 (Bild 183-19000-3309), 43 (Bild 183-S93250/Kümpfel), 50 (Bild 183-2005-0807-525/Bratke), 54 (Bild 183-32304-0001/Schwadten), 59 (Bild 183-35162-0001/Weiss), 63 (Bild 183-19000-2624), 70 (Bild 183-37842-0002/Kemlein, Eva), 87 (Bild 183-2005-0820-512/Blunck), 91 (Bild 183-20468-0014/Quaschinsky, Hans-Günter), 98 (Bild 183-57446-0002/Zühlsdorf, Erich), 104 (B 145 Bild-F003014-0006/Brodde), 107 (Bild 183-H26824/Heinz Blunck), 123 (B 145 Bild-F001298-0009/Brodde), 125 (Bild 183-24120-0006/Sturm, Horst), 129 (Bild 183-23900-0001/Quaschinsky, Hans-Günter), 148 (Bild 183-27077-002/Weiß, Günter), 159 (Bild 183-39326-0006/Zühlsdorf, Erich), 165 (Bild 183-19312-0005/Köhler), 173 (Bild 183-S84152/Heilig, Eugen)
ullstein bild: S. 136 (Kreutschmann, Gert), 162 (Berlin-Bild)